Manuel Raisch

Andachtsbüchlein

Manuel Raisch

Andachtsbüchlein

Nachdenkliches über ein Geheimnis, das keines mehr ist und doch Hunderte von Generationen bis heute bewegt

Fromm Verlag

Impressum/Imprint (nur für Deutschland/ only for Germany)
Bibliografische Information der Deutschen Nationalbibliothek: Die Deutsche Nationalbibliothek verzeichnet diese Publikation in der Deutschen Nationalbibliografie; detaillierte bibliografische Daten sind im Internet über http://dnb.d-nb.de abrufbar.

Contact:
International Book Market Service Ltd., 17 Rue Meldrum, Beau Bassin, 1713-01 Mauritius
Website: www.bookmarketservice.com
Email: info@bookmarketservice.com

Gedruckt in: USA, UK, Deutschland. Dieses Buch wurde nicht in Mauritius produziert.

Imprint (only for USA, GB)
Bibliographic information published by the Deutsche Nationalbibliothek: The Deutsche Nationalbibliothek lists this publication in the Deutsche Nationalbibliografie; detailed bibliographic data are available in the Internet at http://dnb.d-nb.de.

Contact:
International Book Market Service Ltd., 17 Rue Meldrum, Beau Bassin, 1713-01 Mauritius
Website: www.bookmarketservice.com
Email: info@bookmarketservice.com

Printed in: U.S.A., U.K., Germany. This book was not produced in Mauritius.

ISBN: 978-3-8416-0318-0

Inhaltsverzeichnis

Vorwort

Dieses Andachtsbüchlein umfasst Andachten, die ich aufgrund meines 2008 gegründeten internationalen Predigt- und Seminardienstes für TV, Kirchen, Gruppen und Kreise verfassen durfte. Die Schriften liegen hier in leicht abgeänderter Form vor. Es sind Texte für jeden Tag dabei, aber auch für besondere Tage im Jahr.

Manuel Raisch

97993 Creglingen, April 2012

Einleitung

Im vorliegenden Büchlein finden Sie Andachten, die ich aufgrund meines internationalen Predigt- und Seminardienstes verfassen durfte. Die Andachten habe ich für Sie diesem Andachtsbüchlein angepasst. Die Texte sollen ermutigen, nachdenklich stimmen, zu Diskussionen anregen und in der Begegnung mit Gott zu neuen Ufern führen. Manche der Schriften sind für jeden Tag geeignet; andere sind für bestimmte Tage passender. Jesu Leben, Tod und Auferstehung im biblischen Kontext der Heilsgeschichte bildet die Grundlage fast jeder der vorliegenden Andachten. Jesus Christus ist das Zentrum des christlichen Glaubens und daher liegt auch hier der Schwerpunkt auf der Faszination, die von der Menschwerdung Gottes ausgeht. Ein Geheimnis, das keines mehr ist und doch Hunderte von Generationen bis heute bewegt. Ich wünsche Ihnen viel Freude beim Lesen und eine tiefe Veränderung Ihres Lebens zum Guten.

1 Andachten für jeden Tag

1.1 Das Reich Gottes und mein Leben

Ist dir bewusst, dass das Reich Gottes schon lange angebrochen ist? Mit Jesu erstem Kommen als Menschenkind hat dieses Reich begonnen. Das Reich Gottes wird in der Bibel auch Himmelreich genannt.[1] Die Predigt vom Reich Gottes und dessen Anbruch war für Jesus Christus der Kern seiner Botschaft. Auf dieses Thema kam er immer wieder zu sprechen. Auch Christen beten in dem bekannten Vaterunser[2], ständig um das Kommen seines Reiches. Wunderlicherweise spricht Jesus aber davon, dass diese Herrschaft schon da ist.[3] Sie fragen sich nun vielleicht: „Warum ist das so?"

Die Antwort lautet: Das Reich Gottes ist schon da, aber es ist noch nicht vollkommen.[4] Erst in der Ewigkeit wird es vervollständigt sein.[5] Doch was bedeutet das Reich Gottes für mich und dich? Und was ist das Reich Gottes überhaupt?

Zusammengefasst kann gesagt werden, das Reich sollte das Wichtigste im Leben eines Menschen sein,[6] auch wenn Gottes Herrschaft sehr unscheinbar scheint.[7] Um ins Reich Gottes zu kommen, sollte man alles geben, was man hat.[8] Dieses Reich der Himmel sieht nach menschlichen Maßstäben nach nichts Besonderem aus. Gott hat eben das unscheinbare dieser Welt erwählt.[9] Es muss wohl schrecklich sein, nicht unter diesen Herrschaftsbereich zu kommen.[10] Wer Staatsbürger in diesem Reich werden möchte, muss Gott mit Haut und Haaren

[1] Mt 3,2; Mt 4,17; Mt 5,3.

[2] Mt 6,10-13.

[3] Mt 3,2; Mt 4,17; Mt 10,7.

[4] Mt 25,1.

[5] 1.Kor 13,10.

[6] Mt 19,23; Mt 22,2.

[7] Mt 13,31.

[8] Mt 13,44.

[9] Mt 18, 3.

[10] Mt 25, 1-13.

vertrauen.[11] Dies fordert, wie die Bibel sagt, Demut und die Selbsterkenntnis, dass man Sünder ist und Hilfe und Fürsprache braucht.[12] Gläubige, welche die Barmherzigkeit und die Liebe Gottes in ihrem Alltag vergessen, haben keinen Platz im Reich Gottes.[13] Wir müssen und sollen allen Menschen davon erzählen: Jeder Mensch kann sich mit Gott versöhnen lassen und wird somit Bürger in Gottes Himmelreich:[14] Da, wo die Botschaft vom Reich Gottes verkündet wird in Wort und Tat, dort, wo ganz praktisch Nächstenliebe gelebt und das Evangelium gepredigt wird, hat Gott dies durch Befreiung, Zeichen und Wunder bestätigt. Ja, dort ist das Reich angebrochen.[15]

Wir werden einst Rechenschaft ablegen müssen, für das, was wir unterlassen haben, Gutes zu tun.[16]

Das Reich Gottes kann nur durch Glauben/Vertrauen ergriffen werden. Wer glaubt, wird durch den Heiligen Geist und die Bestätigung seines Glaubens, also durch die Taufe, ins Reich Gottes aufgenommen.[17]

Den Christen hat Gott das Reich Gottes in Form der Kirche/Gemeinde gegeben.[18]

Wir leben mittendrin im Reich Gottes als gläubige Menschen, aber wie jeder weiß, ist die Gemeinde nicht allzu vollkommen. Doch einige Zeichen der letzten Zeit, bevor diese Welt, wie die Bibel sagt, untergeht[19] und das Reich Gottes vollendet wird, sind schon geschehen. So wird es bald kommen, das Reich.

Die Bibel lehrt uns alles, was man über dieses neue Reich wissen muss. Z. B. auch, das wir Verfolgung leiden müssen als Bürger des neuen Reiches.[20] So werden bis heute Christen wegen ihres Glaubens verfolgt.[21]

---

[11] Mt 18,3.

[12] Mt 3,2; Mt 5,3.

[13] Mt 7, 21; Mt 23, 13.

[14] Mt 10,7.

[15] Mt 12,28.

[16] Mt 5, 19-20; Mt 25, 31-46.

[17] Mk 16; Mt 18,3; Apg 2, 38.

[18] Mt 7,10; Mt 11, 11-12; Mt 13,24.

[19] Mt 24.

[20] Mt 5,10.

Persönliche Fragen:

Bist du bereit für das Reich Gottes?

Würdest du alles geben, um das Bürgerrecht des Himmelreiches zu bekommen?

Wie stehst du zum Reich der Himmel?

[21] Nach Berichten der Organisation Open Doors www.opendoors-de.org vom 6.01.20112.

1.2 Lioba, die Äbtissin von Tauberbischofsheim

Vor Kurzem wurde ich nach Afrika eingeladen. Dort sollte ich die Bibel unterrichten und Entwicklungshilfe leisten. So kam ich nach Uganda. Dort war ich in einer Kirche, die im Aufbau begriffen war, in einem Heim für Straßenkinder. Ich konnte viele tiefe Eindrücke über dieses Land mit nach Hause nehmen. Ich weiß nicht, ob Sie wissen, wie die Menschen dort leben, aber das Leben in Afrika ist mit unserem hohen Lebensstandard in Europa nicht vergleichbar. Viele Menschen sind sehr arm, es gibt viel Korruption, die Straßen sind selten geteert und es gibt viel Not. Krankheiten wie HIV, Malaria, Hepatitis, Cholera und Ebola kommen des Öfteren vor.
Als ich, sehr nachdenklich, wieder zu Hause war, kam mir eine Frau aus England in den Sinn. Über diese Frau habe ich meine Masterthesis in Theologie geschrieben.
Die angelsächsische Äbtissin Lioba von Tauberbischofsheim (ca. 710–782), deren Leben und Werk untrennbar mit Bonifatius dem Apostel der Deutschen verbunden ist, wird bis heute von katholischer und protestantischer Seite verehrt, da die Entstehung des christlichen Abendlands ohne die angelsächsische Mission unter Bonifatius und seiner Dienstpartnerin Lioba nicht denkbar wäre. Leider führt bis heute Liobas Anteil an diesem gemeinsamen Werk ein Schattendasein. Doch Lioba hat für Deutschland und Europa Großes geleistet. Daher trägt Lioba auch den Namen: „Mutter der frühchristlichen Mission in Deutschland". In Tauberbischhofsheim gründete sie die erste Klosterschule für Frauen in Deutschland und wirkte von dort aus in Germanien. So machte sie sich als Lehrerin und Erzieherin der deutschen Frauen einen Namen. Sie bildete für die Klöster in Deutschland Lehrerinnen aus, entwickelte eine neue Lebensform für Frauen und legte die ethischen Grundlagen für das christlich-germanische Familienleben. Die Erhöhung des Lebensstandards, eine bessere Gleichstellung mit den Männern, aber auch den christlichen Glauben, Bildung und vieles mehr haben die deutschen Frauen damit Lioba zu verdanken. Sie war auch Ratgeberin für Bischöfe und Könige. Als angelsächsische Nonne lehrte, predigte und missionierte Lioba, gründete Klöster mit Schulen und machte Visitationsreisen. Damit hatte sie bischöfliche Funktionen inne und war eine Art Pionierin.
Lioba kam aus Nächstenliebe, aus einem „sich von Gott gerufen fühlen", vom damals höheren Lebensstandard in England in das heutige Gebiet Deutschlands. Sie hat alles aufgegeben, um uns von Jesus zu erzählen und seine Liebe durch ihre Taten

sichtbar zu machen. Ja, sie hat uns durch ihr Leben ein Beispiel gegeben, wie ein Christ nach Jesu Vorbild leben soll.

Ich war, wie gesagt, in Afrika, doch ich durfte schnell wieder heim. Anders Lioba, sie hat ihre besten Jahre für uns auf dem Kontinent geopfert. Sie kam nie mehr zurück in ihre Heimat. Dies tat sie für uns und um Gottes willen. Wenn sie nicht nach Germanien gekommen wäre, hätte es uns so, wie wir heute sind, nie gegeben. Ja, wir würden nichts vom Gott der Liebe wissen und könnten auch nicht danach streben, das Leben liebenswerter zu machen.

Ich habe mir also überlegt, würde ich wie Lioba statt nach Europa nach Afrika, Asien, Lateinamerika oder sonst wohin gehen? Würde ich dafür alles aufgeben, was ich habe? Welche Folgen hätte dies?

Würden Sie solch einen Schritt wagen, aus Liebe zu Gott und den Menschen?

Jesus sagte einmal zwei für mich beeindruckende Sätze[22]: „Was hülfe es dem Menschen, wenn er die ganze Welt gewönne, und nähme doch Schaden an seiner Seele?“ Und in Mt 25, 40b: „Wahrlich, ich sage euch: Was ihr getan habt einem von diesen meinen geringsten Brüdern, das habt ihr mir getan.“

[22] Mt 16, 26a.

1.3 Rocken für Jesus

Schon des Öfteren habe ich nun diesen Slogan gehört „Jesus rockt".
Doch damit ist nicht eine der vielen tollen und vielfältigen christlichen Rockbands gemeint.
Es geht vielmehr darum, dass der Glaube an Jesus Christus und seine Botschaft nicht an eine Kultur, Musikrichtung, an ein Haus, ein Gebiet, eine Sprache, an eine Kleidungsart, eine Gesellschaftsordnung oder sonst an Äußerlichkeiten gebunden ist. Der Glaube an Jesus und seine Lebensweise ist weder altmodisch noch etwas anders, sondern das rockt.

Jeder Mensch, woher er auch immer kommt, aus welcher Religion und Tradition er stammt, welche Gewohnheiten er hat und was er mag, kann Christ werden. Es ist eben nicht an der Lieblingsmusik oder an einem Kleidungsstill ersichtlich, ob jemand Christ ist oder nicht. Es kann auch ein Heavy-Metal Fan Christ sein, genauso, wie sich ein Muslim zu Jesus Christus hinwenden kann.
Ja, es wird zwar manches aus der eigenen Kultur oder Subkultur verändert werden müssen, wenn man Christ wird. Aber dies ist nur dort nötig, wo sie Gottes Ordnung widerspricht. Z. B. beim Mangel an Barmherzigkeit. Im Großen und Ganzen kann jeder, aus welchem Land er auch kommen mag und welche Traditionen ihn geprägt haben, Christ sein. Er muss also nicht seine Herkunft, Traditionen, sein Land und seine Familie aufgeben. Dies sagt im Übrigen auch die Bibel[23]. Aus dieser Bibelstelle erfahren wir, dass Juden Christen werden können und jüdisch bleiben dürfen. Nichtchristen, wenn sie Christen werden, ihrer Herkunft nicht entsagen müssen, wo es Gottes Ordnung entspricht.
Als Christen sollten wir uns aber immer wieder prüfen, ob wir in unserer Tradition und unserer Lebensweise Gottesmaßstäbe entsprechen. Z. B. ist geizig sein in Deutschland kein Problem für einen Christen, aber andere ethische Themen werden überstrapaziert. Ebenso müssen wir danach streben, dass unser gelebtes Christsein der Kultur und Lebensweise der Menschen um uns herum verständlich bleibt.
Wir sollten also in aller Nächstenliebe tolerant gegenüber anderen Arten der Kultur und des Glaubenslebens sein. Unseren Glauben ständig prüfen, ob er Gott entspricht und für Menschen in unserer Zeit verständlich bleibt.

---

[23] Apg 15.

Jesus gibt ja auch den Auftrag, inmitten der Welt mit den Menschen zu leben.[24] Dies bedeutet eine Art des gelebten Glaubens anzubieten, die leb- und verstehbar ist für die Menschen in unserer Epoche. Wir sollen als Christen ein Teil des Lebens und der Gesellschaft hier auf der Erde sein – egal, wo wir unseren Platz haben und wer wir sind. Wir sollen als Gläubige mitten in der Welt stehen als die Abgesandten Gottes, aber auch als Repräsentanten der einen Kirche Jesu, die nur alle Christen zusammen sind.

Ob christlicher Rocker, Bäcker, Familienvater, Politiker, Migrant, DJ, Lehrer oder alleinerziehende Mutter: Wir alle sollen Salz und Licht sein in dieser Welt nach Mt 5, 13-14.

Wir alle sollen auf das Licht hinweisen, dass da ist Jesus Christus Joh 8,12b.

> „Ich bin das Licht der Welt. Wer mir nachfolgt, der wird nicht wandeln in der Finsternis, sondern wird das Licht des Lebens haben.“

Dieser Jesus, diese Botschaft und solch ein Leben, das rockt wirklich.

---

[24] Joh 15.

1.4 Sünde

Sünde, so ein altmodisches Wort. Soll ich ein Sünder sein? Ich bin doch ganz gut oder? Ich bin doch kein schlechter Mensch?
Ach, das ärgert mich, dass Christen einem so ein schlechtes Gewissen machen wollen. Lass mich bloß in Ruhe mit diesem Sünder sein.
Solche und ähnliche Sätze höre ich oft als Prediger und Seelsorger. Niemand möchte im Normalfall ein schlechter Mensch sein oder sich ein schlechtes Gewissen machen.
Zu diesem Thema wurde mir eine Kurzgeschichte von Leo Tolstoi, dem weltbekannten russischen Schriftsteller, wichtig: „Die Steine".[25]
Diese Geschichte möchte ich hier mit meinen eigenen Worten kurz wiedergeben.

Zwei Frauen kamen zu einem Mönch. Eine dieser Frauen machte sich große Vorwürfe, weil sie als junge Frau ihren Mann betrogen hatte. Sie quälte sich innerlich sehr deswegen. Die andere Frau war sich keiner großen Sünde bewusst und daher ging es ihr sehr gut. Als die beiden mit dem Einsiedler ins Gespräch kamen, bekannte die eine ihre große Sünde aus der Jugendzeit. Sie war sich sicher, für sie gibt es keine Vergebung. Zu ihr sagte dieser alte Mann: Gehe und suche dir einen so großen Stein, dass du ihn gerade noch heben kannst, und bring ihn her. Zu der Frau, die sich keiner großen Sünde bewusst gewesen war, sagte der Mönch: Geh und bring mir so viele kleine Steine, wie du tragen kannst! Die beiden Frauen gingen weg und taten dies je nach ihrem Auftrag. Als sie zurückkamen, sagt der Alte: „Nun legt die Steine wieder dorthin, wo ihr sie gefunden habt!" Die Sünderin mit dem einen großen Stein wusste sofort, wo der Platz war, und legte ihn zurück. Die Frau, die sich keiner großen Sünde bewusst war, ging und kehrte gleich wieder zurück. Sie konnte sich nicht mehr erinnern, wo sie die vielen kleinen Steine überall gefunden hatte. Da sagte der Einsiedler zu den Frauen: „Seht ihr, die eine mit dem großen Stein: Sie wusste gleich, wo der Stein gelegen hatte und so ist es auch mit der Sünde. Sie wusste um ihre eine Sünde, machte sich Vorwürfe und ein schlechtes Gewissen. Dies hat sie demütig gemacht und so von den Folgen der Sünde befreit. Die andere aber wusste gar nicht mehr, wo all die kleinen Steine gelegen hatten und so ist es auch mit der Sünde. Sie hatte so oft im Kleinen gesündigt, das sie gar nicht mehr um

[25] Vgl. Leo Tolstoi, *Der Traum des jungen Zaren und andere Erzählungen* (Gießen: Brunnen Verlag, 2008), 49–51.

diese wusste. So bereute sie ihre Sünden nicht, gewöhnte sich an ein Leben in Sünde, verurteilt die Sünden der anderen und hat sich selbst immer mehr in die eigene Sünde verstrickt.“ So schreibt im Schlusssatz dieser Geschichte Leo Tolstoi:

> „Wir sind alle Sünder, und wir werden alle zugrunde gehen, wenn wir sie nicht bereuen.“[26]

Jesus sagt dazu in Mt 4,17b: Tut Buße, denn das Himmelreich ist nahe herbeigekommen!

[26] Vgl. ebd., 51.

1.5 Die Ehe

Die Ehe ein Auslaufmodell?

Als ich vor einiger Zeit geheiratet habe, musste ich mir neben den Gratulationen vor allem Warnungen und Mitleidsbekundungen anhören. „Was, du möchtest schon heiraten?“ „Du bist doch noch viel zu jung!“, „Ob es diesmal gut geht?“, „Bist du dir sicher?“, „Heute heiratet man doch nicht mehr“, „Mann, bist du naiv und heiratest tatsächlich!“

Ist dies berechtigt?

Ja und nein. Da Ehen oft nur als ein Bündnis zum Spaßhaben geschlossen werden, verwundern diese Aussagen nicht. Ebenso unterliegen viele Paare diesem meist von Hollywood propagierten Verliebtheitsgefühl. Jedes echte Liebespaar müsste doch diese Gefühle haben und das angeblich bis ans Lebensende. Aber es gibt eben auch Zeiten, da macht eine Partnerschaft nicht nur Freude. Ebenso gibt es eine Zeit, in der das Verliebtsein dem Gefühl der Vertrautheit Platz macht. Manche ziehen dann die Konsequenz und trennen sich. Doch wissen sie oft nicht, dass es mehr gibt, als kurzen Genuss. Sie erleben damit nie echte Treue, Liebe, Verletzlichkeit, Eins zu sein und das Getragen-Werden in Zeiten der Not. Gerade die Zeiten der Schwierigkeiten verbinden tiefer, wenn man sie gemeinsam überstanden hat. Jeder, der sich mit Ehe auseinandersetzt weiß, dass eine Partnerschaft auf Dauer ein Wunder ist, ja ein Segen. Daher finde ich es ein Zeugnis von Weisheit und Lebenserfahrung, wenn Brautleute Gott um seinen Segen bitten. Warum? Wir Menschen sind oft untreu, doch Gott ist treu und durch seine Treue sehen wir, was Liebe heißt, und können demgemäß leben. Wir brauchen für eine Ehe Gottes Hilfe, daher ist es sehr klug, dass Menschen Gott um seinen Beistand bitten. Er ist ja auch der Erfinder der Ehe und weiß also auch, wie es geht. Ich bin mir sicher, Gott gibt uns gerne seinen Segen. Er hat uns doch die Ehe als Geschenk und zum Genuss gegeben. Gott schenkt uns einander und so dürfen wir uns in der Ehe wiederum immer wieder neu einander schenken. Wie es uns Jesus gezeigt hat, als er sich für uns Menschen am Kreuz verschenkt hat.

Eine Ehe ist unter anderem wie eine Art Teamsport. Doch muss sich das Team besonders am Anfang erstmal finden und sich dann immer wieder neu aufeinander einlassen. Hier sollte es keine Einzelkämpfer geben. Wird dies gestört, hat es schnell Auswirkungen auf die Leistung des Teams. So ist oft ein Coach hilfreich, der die

Streithähne wieder zueinanderführt und motiviert. Gott ist vielleicht zu vergleichen mit so einem Coach. Aber wir sollten dabei nicht wie die meisten Fußballmannschaften handeln. Wenn es bei ihnen nicht so läuft, dann gibt es einfach einen neuen Trainer. Es gibt aber nur einen wahren Coach und der ist treu, auch wenn wir untreu sind – „Gott".

„Liebenswert ist, wer Liebe gibt.
Lieben kann, wer Liebe übt."

1.6 1. Petrus 5, 5c–7

Arroganz, Egoismus, Selbstüberschätzung und Maßlosigkeit kennen wir so gut von uns und anderen Menschen. Das Heilmittel dagegen ist die Demut. Demut kann uns das Leben auch leichter machen, so sagt die Bibel in 1. Petrus 5,5c–7.

> „Denn Gott widersteht den Hochmütigen, aber den Demütigen gibt er Gnade. So demütigt euch nun unter die gewaltige Hand Gottes, damit er euch erhöhe zu seiner Zeit. Alle eure Sorge werft auf ihn; denn er sorgt für euch."

Wir sollen uns Gott unterordnen und unsere Sorgen in allen Lebenslagen auf ihn werfen. Wir sollen eben nicht versuchen, alles selbst zu bewerkstelligen. Hier geht es nicht um „Kadavergehorsam" oder „Wurm Stolz"[27]. Sondern viel mehr um Mündigkeit, Respekt, die Erkenntnis der eigenen Begrenztheit und Fehlerhaftigkeit. Kurzum darum, eine realistische Einschätzung von sich selbst zu erreichen. Wir sollten dabei den Charakter haben, des Öfteren zurückzustecken bzw. sich nicht so wichtig zu nehmen. Wir dürfen anerkennen, dass wir nicht allwissend sind, sondern begrenzte geschöpfliche Wesen. Wir leben in einer gefallen[28] und egoistischen bzw. sündigen Welt. Zu dieser Welt gehören somit Leid und Not. Meist sind wir Menschen selbst an unserer schlechten Situation schuld, dies zeigt schon unser schlechter Umgang mit der Natur. Auch wenn wir denken, wir könnten es, können wir eben doch nicht alles verstehen oder ergründen. C. S. Lewis sagt:

> „Man kann nicht endlos die Dinge ‚durchschauen'. Durch sie hindurchschauen hat nur Sinn, wenn man durch sie hindurch etwas sieht."[29]

Dies bezieht er auf die Existenz Gottes. Diese ist nicht zu durchschauen. Doch aufgrund von Gottes Existenz beginnen wir erst die anderen Dinge zu durchschauen, da man Gott hinter den Dingen sieht und diese so auch einen Sinn bekommen. Wer sich also selbst mit Gottesmaßstab, also Jesus Christus vergleicht und sich dadurch selbst realistisch einzuschätzen lernt bzw. sich durchschaut, wird demütig. So wird Gott ihn zu seiner Zeit dafür ehren.
Oder wer mag schon jemanden, der sagt: „Schau her, wie toll ich bin!" Schauen wir uns die Hollywoodstars an, heute oben, morgen unten. So sagt die Bibel in Spr

[27] Wurm Stolz bedeutet stolz darauf zu sein nichts zu Sein.

[28] Durch die Wahl des Menschen Autonom ohne Gott leben zu wollen handelte der Mensch gegen Gottes Gebote und viel so unter die Sünde, die ihn und die ganze Schöpfung seit her versklavt und quält bis zum Tod. Dies wird auch der Sündenfall genannt 1 Mose 3.

[29] http://www.reinerjungnitsch.de/lewis-durchschauen.pdf vom 18.01.2012.

16,18: Hochmut kommt vor dem Fall. Wir werden aufgefordert, Gott zu vertrauen, auch wenn du es nicht verstehen, fühlen und erleben kannst. Vertraue ihm, egal wie es bei dir aussieht! Im Übrigen kann auch nur der Christ werden, der erkannt hat, dass er begrenzt ist, dass er Gott braucht bzw. die Erlösung. Dieser weiß auch, wo er selbst steht und wer Gott in seiner Liebe ist. Denn erst dann wird der jeweilige Mensch sich nach Gott ausstrecken oder ihn suchen. Sind Sie auch schon so weit oder wo stehen Sie? Oft entscheiden sich Menschen für Jesus, weil sie dazugehören möchten, weil sie so erzogen wurden, aufgrund ihrer Kultur oder weil es Vorteile verspricht. Doch es geht darum, sich im Spiegel Gottes selbst zu erkennen. Gerade deshalb unternehmen viele Christen einen Neubeginn, auch wenn sie schon lange „Christ" waren. Sie haben nun erst erkannt, wer sie sind und wer Gott in seiner Liebe ist. Sich demütigen heißt, sich selbst realistisch einzuschätzen, Gott in seiner Liebe zu kennen und ihm zu vertrauen/glauben. Doch dieser Glaube, das Vertrauen, können uns geraubt werden durch die Alltagssorgen, Leid, Not, Krieg und Tod. Daher passen Sie gut auf sich auf und seien Sie Gott befohlen!

1.7 Der Wolf im Schafspelz

Ich habe bei mir zuhause ein seltsames Stofftier. Es ist ein Wolf, der ein Schafskostüm anhat, mit Schlappohren, und allem was dazugehört. Er möchte wohl nicht als Wolf erkannt werden. Es handelt sich also um den klassischen Wolf im Schafspelz. Als ich ihn das erste Mal gesehen habe, sind mir gleich einige Glaubensinhalte und Zusammenhänge aufgegangen. Dies liegt nun sehr nahe, da Schafe, Schäfer und Wildtiere in der Bibel eine wichtige Rolle spielen. Das soll uns Menschen helfen, wichtige Zusammenhänge zu verstehen. So vergleicht Jesus sich mit dem guten Hirten und bezeichnet seine Anhänger als seine Schafe. Nun wurden mir die folgenden 3 Punkte deutlich:

1. Jesus möchte uns zu Sehenden machen.

Wenn wir Jesus Christus nicht unser Vertrauen schenken, sind wir blind. Z. B. können wir die Liebe Gottes und seine Erlösungsplan nicht erkennen.[30] Doch Jesus möchte uns die Augen öffnen, damit wir seine Liebe sehen, aber auch, damit wir den Wolf im Schafspelz rechtzeitig erkennen. So sagt er in Joh. 10,10–11:

> „Ein Dieb kommt nur um zu stehlen, zu schlachten und umzubringen. Ich bin gekommen, damit sie das Leben und volle Genüge haben sollen. Ich bin der gute Hirte. Der gute Hirte lässt sein Leben für die Schafe."

Er möchte uns das Leben in Fülle geben. Er als der gute Hirte gibt sein Leben für uns. Wir, die wir doch starrköpfige Schafe sind, die immer nur ihren eigenen Weg gehen möchten – dem guten Hirten wollen wir doch eigentlich nicht vertrauen oder wir misstrauen ihm. Wir schwimmen mit der Masse und blöken immer nur über die Ungerechtigkeit dieser Welt. Doch wir sind nicht in der Lage, aus eigener Kraft etwas zu verändern und vor allem nicht bei uns selbst. Doch er bietet uns durch die Erlösung das Leben hier und in der Ewigkeit in Fülle dazu.

Ich frage mich schon des Öfteren: Wem vertraue ich nun eigentlich? Wem laufe ich einfach hinterher? Wo gehe ich nur meinen Weg, weil ich glaube alles besser zu wissen? Es gibt so viele Lebenslügen, die behaupten die Wahrheit zu sagen. Es gibt so viele falsche Wege, die uns wenn wir ihnen vertrauen und nachfolgen wie ein Wolf im Schafspelz in ins Verderben führen. Jesus macht uns ein Angebot. Er will uns zu Sehenden machen. Möchten wir das?

---

[30] Röm 1.

2. Sei selbst kein Wolf im Schafspelz.

Der Mensch möchte autonom sein. Er hat sich, wie die Bibel in 1 Mose 3 sagt, gegen Gott und für seine Autonomie entschieden. Somit ist er und die ganze Schöpfung gefallen bzw. ist süchtig danach, zu sündigen. Er wird daher auch als Sünder bezeichnet und ihn mit seinem Egoismus können nur Gebote und Verbote etwas im Zaum halten. Wer an Jesus Christus glaubt, kann aus diesem Teufelskreis ausbrechen, doch ein Süchtiger werden wir bleiben, so lange wir leben. Ob wir allerdings rückfällig werden, dies steht auf einem anderen Blatt. Nun die Frage an uns alle: Sind Sie oder bin ich ein gutes Vorbild?

3. Wir stehen so lange wir leben in der Gefahr, unseren Glauben zu verlieren.

Unseren Glauben können wir z. B. durch Leid, Not und Unglück verlieren. Bei Leid fragen wir uns oft „warum?“ und können daran zerbrechen. So sagt Jesus auch zu seinen Anhängern in Lk 10,3:

> „Geht hin; siehe, ich sende euch wie Lämmer mitten unter die Wölfe.“

Daher sollten wir lieber fragen, „wozu“[31] das Unglück gut war. Wir sollten die Situation annehmen, da so etwas zu dieser, wie die Bibel sagt, gefallenen Welt gehört! Außerdem sind Christen dazu geboren, um in der Welt bzw. unter den Menschen oder inmitten der Welt zu leben. Dies kostet einiges. Aber dies ist der Weg eines Christen, denn er macht hier auf der Erde nur eine Pilgerfahrt. Des Christen Heimat ist an einem anderen Ort. Auch schlechter Einfluss kann uns täuschen und kann uns eventuell unseren Glauben rauben. Wir können durch schlechte Freunde negativ beeinflusst werden und so machen sich andere aus unserem Glaubens-Pelz eine Jacke. Sprüche 1, 1:

> „Wohl dem, der nicht wandelt im Rat der Gottlosen/noch tritt auf den Weg der Sünder, noch sitzt, wo die Spötter sitzen.“

Daher sollten wir aufpassen. Die Bibel warnt uns auch vor Irrlehrern und falschen oder bösen Menschen. Es gibt Leute, die uns falsche Dinge erzählen. Sie machen dich und deinen Glauben schlecht. Sie suchen, um dich ins Zweifeln zu bringen. Dazu sagt Jesus in Mt 7,15:

> „Seht euch vor den falschen Propheten, die in Schafskleidern zu euch kommen, inwendig aber sind sie reißende Wölfe.“

[31] Vgl. Helmut Thielicke, *Theologische Ethik: Zweiter Band: Entfaltung: 1 Teil: Mensch und Welt,* Aufl. 5 (Tübingen: J. C. B. Mohr (Paul Siebeck), 1986), 1192.

Zusammengefasst kann gesagt werden, lassen Sie sich nicht von Ihrem Glauben abbringen, weder von Ihnen selbst noch von irgendjemand Anderem oder einem Umstand. Lassen Sie es nicht zu, dass jemand sich einen Pelz aus Ihrem Glauben macht! Passen Sie auf, da es viele Situationen gibt, wo Sie ihren Glauben verlieren können – sollten Sie eben den Wolf im Schafspelz, der sich eingeschlichen hat, nicht rechtzeitig erkennen. Jesus möchte Ihnen helfen, sich im Leben und in der Ewigkeit zurechtzufinden. Sagen Sie ja und es wird zwar nicht alles gut, aber er wird mit Ihnen sein.

1.8 Work-Life-Balance

„Work-Life-Balance“ so heißt ein Schlagwort aus der Arbeitswelt. Dies bedeutet, Arbeit und Privatleben im Gleichgewicht zu halten. Diese beiden Welten sollten sich nicht gegenseitig behindern. Dies ist ein neuer Modebegriff in der Wirtschaft. Aber er unterstellt auch, unser Leben sei in Bereiche aufteilbar, die nichts miteinander zu tun haben. Ebenso wird in den meisten Firmen das Ganze zugunsten der Arbeit und des Arbeitgebers durchgeführt. „Leistungssteigerung, um mehr Ertrag zu erzielen“, der Mitarbeiter ist also eine Art Milchkuh. Nun die Fragen an uns: „Wer möchte in unserem Leben an unsere Milch?“, „Wer benutzt uns zu seinen Gunsten?“ und „Wer steuert eigentlich unser Leben?“

Viele von uns lassen sich von der Arbeit so einnehmen, dass sie dort diese Kuh sind. Meist aus Unvermögen sich durchzusetzen oder aus Angst, die Arbeit zu verlieren. Wieder andere ziehen ihren Selbstwert aus ihrer Arbeit. Die Arbeit ist der Sinn ihres Lebens **„Ich arbeite, also bin ich“**. Sie stehen somit in der Gefahr, Workaholics zu werden. Menschen, die ihren Lebensinhalt in der Arbeit sehen, fallen meist in ein Loch, wenn sie in Rente gehen, krank werden oder einfach nicht mehr so können. Unsere Gesellschaft ist eine Leistungsgesellschaft und wer nichts leistet, gilt nichts. Dies spiegelt sich in der Abtreibungsdiskussion um „wertes und unwertes Leben“[32] wieder. Aber auch in der zunehmend leistungsorientierten Kindererziehung. „Kinder dürfen nicht mehr Kinder sein“.[33] Die Gesellschaft versucht uns damit, den Maßstab von richtig und falsch vorzugeben.[34] Doch ist dies auch richtig? Aus der Seelsorge kenne ich, dass einige „Hausfrauen“ darunter leiden, dass ihre Arbeit nicht als Arbeit gesehen wird. Kinder werden zu Tyrannen, weil sie kleine Erwachsene sein sollen und doch völlig überfordert sind mit der Erwachsenenwelt.[35] Und Arbeitslose versinken meist in Scham oder werden aggressiv.

<u>Fragen an Sie und mich:</u>

[32] Vgl. http://derstandard.at/3254419 vom 18.01.2012.

[33] Vgl.http://www.swr.de/nachtcafe/-/id=200198/nid=200198/did=8804218/1dna34y/index.html vom 18.01.2012.

[34] Vgl. http://www.spiegel.de/politik/deutschland/0,1518,710133,00.html vom 18.01.2012.

[35] Vgl. http://www.n-tv.de/wissen/Eltern-behindern-psychische-Reife-article937549.html vom 5.04.2012.

Wo würden Sie sich einordnen? Woraus ziehen Sie Ihren Lebenssinn? Was ist Ihre Lebensaufgabe bzw. Ihre Berufung? Was ist Ihre Identität? Was gibt Ihnen Wert und Halt im Leben? Und was hält ewig? Der Apostel Paulus sagt, wir sollen uns nicht von der Gesellschaft vorgeben lassen, was „richtig und falsch" ist. Wir sollen unsere Gedanken erneuern lassen, und zwar mit der biblischen Wahrheit. Programmiere also deine Festplatte/Gedanken/Weltbild/Werte neu mit der der biblischen Wahrheit! Um Lebenslügen und Ansprüche von Dritten abzulegen, hier nun das biblische Arbeits- und Menschenbild im Überblick:

1. Die Bibel kennt keine Trennung zwischen verschiedenen Bereichen im Leben. Die Bibel geht von einer Ganzheitlichkeit aus. Gott umfängt alle Bereiche des Lebens.
2. Der Mensch ist berufen zur Kreativität und Arbeit. Ebenso zum Genuss und zum Tun der Werke Jesu bzw. des Willen Gottes. Die Werke Jesu zu tun, gibt Erfüllung, so sagt auch der Theologe Dr. Fritz Grünzweig.
3. Wir sind etwas wert, nicht weil wir Leistung bringen, sondern weil uns Gott Wert gibt. Christen gibt Gott Wert, vor allem durch Gottes Kindschaft, die wir haben. Wenn wir mit Gott in Beziehung leben und an Jesus Christus glauben, bekommen wir die Kindschaft kostenlos dazu. Als Christ ist man also Kind Gottes und darf sich in die Arme des liebenden Vaters fallen lassen. Wenn also alles zugrunde geht und die Gruft unter meinen Füßen sich zu öffnen beginnt: Ja, dann kann ich darauf vertrauen, dass mich niemand trennen kann von der Liebe Gottes, unseres Vaters, wie es in Röm 8,38-39 geschrieben steht:

   > „Denn ich bin gewiss, dass weder Tod noch Leben, weder Engel noch Mächte noch Gewalten, weder Gegenwärtiges noch Zukünftiges, weder Hohes noch Tiefes noch eine andere Kreatur uns scheiden kann von der Liebe Gottes, die in Christus Jesus ist, unserm Herrn."

Ich bin also als Christ nicht in erster Linie Handwerker, Hausfrau oder Christ, sondern Kind des allmächtigen und liebenden Gottes. Von dessen Liebe kann mich keiner trennen. Wenn alles zerbricht im Leben, kann ich mit meiner Identität als Kind Gottes über Mauern des Lebens springen. Ich bin geliebt, weil ich Kind und Erbe bin.

1.9 Römer 12, 21

Die Medien berichten uns täglich von vielen Kriegen und Nöten, die in dieser Welt toben. Wir sind aber meist so mit unserem alltäglichen Leben beschäftigt, dass wir all das Leid, die Not und den Tod dort einfach etwas beiseite schieben. Das Böse in Form von Krieg, Hunger, Leid und Tod scheint so übermächtig auf dieser Welt zu sein, dass wir in unserer Hilflosigkeit diese Dinge schnell verdrängen. Doch sind sie die Ursache für das stetige schlechte Gewissen. In die Finanzwelt und in die Politik haben wir nicht mehr allzu viel Vertrauen. Dies hat wohl nicht zuletzt damit zu tun, dass auch dort das Böse in Form von Egoismus und Profitgier zu siegen scheint. Doch bietet uns eine Bibelstelle aus dem Römerbrief ein Heilmittel für unsere schlechte Welt an, die voller Neid, Gier und Stolz ist. Wir können das Böse mit dem Guten überwinden.

> „Lass dich nicht vom Bösen überwinden, sondern überwinde das Böse mit Gutem" Röm. 12,21.

Diese Bibelstelle macht uns nicht nur das Angebot, dass wir das Negative mit dem Guten überwinden können, sondern auch sollen. Wenn wir nicht das Böse überwinden, dann werden wir vom Bösen überwunden. Wir sollen also lieben statt hassen, vergeben statt zornig zu sein, Frieden bringen statt Krieg, usw. Gottes Maßstäbe sind andere, wie die dieser Welt. So kommen wir an unsere Grenzen, denn wie kann man jemand lieben, der einen hasst? Diese Erkenntnis kann einen passiv machen. Kurzum, wir verdrängen das Negative, denn dies verspricht uns für kurze Zeit Abhilfe, um dem ständigen Lebenskampf mit den Forderungen Gottes, dem Egoismus und der Sünde zu entziehen. Aber danach ist es schlimmer als zuvor, da das Schlechte, das in unserem ganzen Wesen steckt, zu gewinnen scheint, außer wir überwinden es. Dies sehen wir doch schon daran, dass die Not direkt vor unserer Haustür, z. B. bei unserem Nachbarn, uns oft so hilflos dastehen lässt. Wir werden kurzerhand passiv oder resignieren. Andere hingegen stürzen sich in überschwänglichen Optimismus. Sie starten soziale Projekte, werden Kriegsgegner und helfen, wo sie nur können in ihrem Umfeld. Doch eines Tages sind sie ausgebrannt, denn wie jeder weiß, ist das Arbeiten mit Menschen sehr mühsam. Daher kann auch der größte Optimist schlimmer als zuvor in Resignation verfallen. Wer kennt nicht den Satz, den ich leider auch oft selbst gebrauche: „Was können wir da schon machen". Wir Christen wissen zudem, dass die Welt und alles Geschaffene seit dem Sündenfalle des Menschen durch und durch böse ist. Dafür spricht die Vereinsamung vieler Menschen, die Umweltverschmutzung, die steigende Armut und Scheidungsrate, usw. Ebenso ist auch zu beachten, dass manche, die Großes leisten, selbst hochmütig werden oder ihren Selbstwert aus ihrer Leistung ziehen. So kommt durch die Hintertür das Negative in ihr Leben. Also bleibt doch nur noch, dass wir passiv werden, weil wir Sünder sind und nichts tun können. Und doch sind wir durch diese Bibelstelle aus dem Römerbrief aufgerufen. Lass dich nicht von dieser Resignation und Passivität überwinden, sondern überwinde das Böse mit dem Guten! Überwinden ist ein Kampf und kostet Kraft. Im Gegensatz dazu ist das Baden im eigenen Selbstmitleid doch viel bequemer als seine eigene Schuld einzugestehen und etwas zu verändern. Nicht die Wahrheit zu sagen ist doch leichter, als immer gegen den Strom zu schwimmen. Liebe und Anerkennung sind so wichtig, dass man auch mal Abstriche machen kann in seinem Glaubensleben. An Weihnachten einmal gespendet beruhigt das Gewissen für ein ganzes Jahr. Und doch werde ich/werden wir aufgefordert zu überwinden – im Alltag und global. Ich habe es oft versucht und bin doch kläglich gescheitert an dieser Aufforderung Gottes an uns. Was will Gott da von mir, obwohl ich es doch gar nicht kann? Doch wir können es, sagt die Bibel. Wir Christen sind in der Lage, das Böse mit dem Guten zu überwinden. Doch wie soll das gehen?

Dazu ist Jesus Christus, also Gott selbst bzw. das Gute in Person, in die Welt gekommen. Er hat das personelle Böse besiegt und ihn entwaffnet. Dies bedeutet, die Herrschaft des Bösen ist nur noch pro forma, bis das Gute in Perfektion kommt. Jesus hat zu seinen Lebzeiten begonnen, in diesem Kosmos sein Reich bzw. seine Herrschaft des Guten aufzurichten. Wir Christen sind nach seiner Himmelfahrt seine Nachfolger/Jünger und sollen sein Reich weiterbauen, das er durch seinen Tod bzw. seinen Sieg am Kreuz aufgerichtet hat. Sein Reich ist nicht von dieser Welt und so sind die Maßstäbe auch andere und diese bringen uns an unsere Grenzen. Doch wir sind von Jesus beauftragt, Nächstenliebe zu üben, seine Schöpfung zu bewahren, seine Botschaft weiterzugeben und uns in sein Ebenbild zu verwandeln. Dies sollen wir in unserem Herzen tun, aber auch sichtbar machen durch konkrete Taten der Toleranz, Nächstenliebe, gesellschaftliches Engagement, Mission, usw. Dort, wo dies geschieht, wird das Reich der Himmel und die Liebe Gottes sichtbar. Jesus ist Gott zum Anfassen. Daher sollen auch wir ein Licht und Salz auf dieser Welt sein; dort, wo wir stehen. Doch nun wieder zu der Frage „Wie sollen wir das aus eigener Kraft schaffen?“, denn auch Gläubige sind keine Superhelden. Jesus sagt, Gottes Maßstäbe seien andere, denn Gott ist in den Schwachen mächtig. Nicht wir tun es, sondern Gott in uns durch den Heiligen Geist. Jeder, der sich in eine Beziehung mit Jesus begibt und ihm vertraut, der bekommt den Heiligen Geist. Also Gott selbst wohnt so in uns. Damit haben wir Zugang zu Gott Vater und werden durch den Heiligen Geist immer mehr in das Bild Jesu verwandelt. Gott selbst schafft es durch uns, das „Böse mit dem Guten zu überwinden“. Die Bibel sagt einmal in Phil. 2, 13: „Gott gibt das Wollen und Vollbringen“. Also gilt für uns Aktive, das Schlechte mit dem Guten zu überwinden, denn Gott gibt uns die Kraft und die Mittel dazu. Jesus und wie er lebte, ist der Maßstab, an dem wir uns messen können. Ich wünsche Ihnen und allen die Verantwortung tragen, dass sie das Böse mit und durch das Gute in Person überwinden. Auch wenn es unserer Logik widerspricht: Gottes Maßstäbe sind eben andere. Noch ein Tipp: Beginnen wir erstmal im Kleinen und suchen uns z. B. jemanden in unserer Nähe, der einsam oder sozial benachteiligt ist. Bringen wir dieser Person unsere Zeit, die Liebe und die Botschaft Jesu und wenn nötig, auch materielle Hilfe.

1.10 Wer bin ich?

Wer bist du?
Wie definiere ich mich?

Also bin ich Handwerker, Chef, Beamter, Rocker, arbeitslos, Schüler ...?
Oder definieren mich mein Äußeres, meine Identität, meine Gaben, mein Glauben (meine Überzeugungen), meine Eigenschaften?
Wer bin ich, wer bist du?
Gott sagt uns durch sein Wort: Wenn wir ihn ansehen bzw. mit ihm Gemeinschaft haben, erkennen wir uns selbst. Bei uns gibt es aber nicht immer so viel Gutes. Daher erkennen wir, dass wir im Grunde nicht liebenswert sind. Doch erkennen wir im göttlichen Spiegel, dass dieser Gott uns bedingungslos liebt. Aus Liebe gibt er jedem Menschen die Möglichkeit „Kind Gottes“ zu werden. Im Übrigen bekommen wir so die Kraft, im gesunden Maß andere und uns selbst zu lieben. Jeder Mensch ist von Gott geliebt; aber wenn du mit dir und deinem Leben nicht zufrieden bist, wenn du berechtigterweise Angst vor der Zukunft hast, dann bietet Gott dir eine neue Identität an. Du kannst ein neuer Mensch werden. Möchtest du dies? Vollendet, so werden wie Jesus nach der Auferstehung, wirst du aber erst, wenn Jesus zum zweiten Mal wiederkommt. Erst dann wird die Welt untergehen, aber du bist heute schon eine neue Kreatur, wenn du in Jesus bist. Also an Jesus glaubst und ihm vertraust 2.[36] Wer Jesus vertraut und sein Leben auf ihn aufbaut, der ist Kind Gottes und darf sich auch so nennen.[37] Du wirst Erbe Gottes und das beginnt schon jetzt; siehe den Epheserbrief.
Das Kind-Gottes-Sein ist auch das tiefe Verlangen, das du in deinem Inneren immer wieder spürst und das dich auf die Suche nach Sinn schickt. Erst wenn du diese neue Identität gefunden hast, wirst du einen tiefen Frieden finden, denn du nirgends anders bekommst. Möchtest du Kind Gottes sein?
Möchtest du ein neues Leben haben?
Es wird nicht alles gut, da deine Leben eine Pilgerreise[38] oder ein Gang ins Fitnessstudio[39] ist, aber es gibt da einen Shalom[40] der alles übersteigt.[41]

---

[36] Kor 5,17.

[37] Joh 1, 12.

[38] 1. Tim 6, 12.

Gott liebt dich bedingungslos und bietet dir eine neue Identität als Kind Gottes an.[42]

Ein Gebet, das du nachsprechen kannst, wenn du Kind Gottes werden möchtest: „Gott, Jesus, mach mich spürbar zu einem Kind Gottes durch deinen Heiligen Geist! Vergib mir meine Sünden und mach mich neu, du bist mein Herr, Gott und Erlöser!"

[39] 1 Kor 9, 25.

[40] Shalom bedeutet Frieden.

[41] Joh 14, 27.

[42] Joh 1; Röm 8,39; Kor 5,17; Eph 1–2.

1.11 Der christliche Glaube

Ist der christliche Glaube nicht

a) Unlogisch?

b) Langweilig?

c) Voll mit Regeln?

Also was soll dann das Ganze überhaupt?

a) Unlogisch: nein, weil

- Archäologisch fassbar
- Schlüssig in seiner Logik
- Wissenschaftlich beweisbar
- Hoch entwickelt

b) Langweilig: Nein, weil

- Dass es langweilig ist, liegt eher an den Menschen, also an dir und mir.
- War Jesus etwa langweilig? Jesus hat doch die Welt verändert und ich habe Jesus so auch erlebt – als jemand, der einen verändert und ganz sicher nicht langweilig ist.

c) Voll mit Regeln: Nein, weil

- Die Regeln sind erst mal gut, aber oft sind sie das Einzige, was Menschen vom christlichen kennen.
- Es geht dabei um Liebe zu Gott, zu anderen Menschen und zu mir selbst.
- Es geht im Christentum nicht um Regeln, sondern um eine Liebesbeziehung zu Gott bzw. Jesus. C. S. Lewis sagt z. B.:

> „Was unsere Gegner aber verstehen können, ist, dass uns die Zustimmung notwendigerweise von der Logik spekulativen Denkens weg und zu etwas hinführt, was man vielleicht die Logik einer persönlichen Beziehung nennen könnte. Was bisher bloße Meinungsänderungen waren, würden jetzt Änderungen im persönlichen Verhalten zu einer Person. *Credere Deum esse* wird zu *credere* in *Deum*. Und Deus bezeichnet hier diesen Gott, den je tiefer erfahrbaren Herrn."

Kurz, um es geht um eine Beziehung mit Gott Jesus, dem dreieinigen Gott. Deshalb ist der christliche Glaube nicht unlogisch, langweilig und voll mit Regeln, denn es geht um eine erlebbare Liebesbeziehung, in der die Logik deutlicher wird als je zu vor. Daher sagt Jesus auch:

„Siehe, ich stehe vor der Tür und klopfe an. Wenn jemand meine Stimme hören wird und die Tür auftun, zu dem werde ich hineingehen und das Abendmahl mit ihm halten und er mit mir.“ Offb 3,20

„Und der Geist und die Braut sprechen: Komm! Und wer es hört, der spreche: Komm! Und wen dürstet, der komme; und wer da will, der nehme das Wasser des Lebens umsonst.“ Offb 22,17

1.12 Mk 16, 14-20

> „Später als die elf zu Tisch lagen, erschien er ihnen und tadelte ihren Unglauben und ihre Hartherzigkeit, weil sie denen, die ihn nach seiner Auferstehung gesehen hatten, nicht glaubten. Er sagte ihnen: Geht hinein in das Weltall, (Kosmos/Welt/Erde) macht allen bekannt das Evangelium jeder Schöpfung (der Menschheit). Wer glaubt und sich taufen lässt wird errettet, wer nicht glaubt wird verurteilt. Folgende Zeichen werden die begleiten, die glauben: Unter Auftrag meines Namens werden sie Dämonen rauswerfen, in unbekannten Sprachen reden, mit ihren Händen werden sie Schlangen hochheben und wenn sie ein tödliches Gift trinken wird's ihnen nichts schaden, auf Kranke werden sie die Hände auflegen und sie werden gesund. Als der Herr Jesus zu ihnen gesprochen hatte, wurde er in den Himmel aufgenommen und setzte sich zur rechten Gottes. Jene gingen hin, überall das Evangelium zu verkünden, dabei wirkte der Herr mit und bekräftigte das Wort durch die Wunder, die die Verkündigung begleiteten."

Dies ist der Missionsbefehl des Markusevangeliums. Dieses habe ich selbst aus dem griechischen Urtext übersetzt. Ein so ganz schönes Deutsch ist es nicht, aber mir geht es eben erst einmal um den Inhalt. Leben wir nicht genauso, wie die Jünger damals, die von der Auferstehung gehört hatten und selbst den Augenzeugen nicht glaubten? Doch sie, wie auch wir, verstecken uns lieber in unserer Gewohnheit, damit niemand unseren Unglauben sieht. So kommt Jesus als Auferstandener und Gott selbst direkt vor ihre Nase in ihr Leben. In ihrem Versteck tadelt Jesus erst einmal seine „Nachfolger". Er gibt ihnen den Auftrag, in die Welt zu gehen und das Evangelium von Jesu Auferstehung mit allen Konsequenzen zu verkündigen. Was sagen wir heutige Christen des Öfteren dazu: „Das war aber toll von den Aposteln, das zu tun." Doch steht da nicht, „die glauben"? Ja, genau dies steht da. Wir sollten die sein, die da glauben und genau uns sollen auch diese Zeichen folgen. Doch wenn man sich nur versteckt, geschieht nichts und die Welt wird ihrem Menschenrecht beraubt, sich zu entscheiden, weil sie die Wahrheit nicht kennt und die Barmherzigkeit Gottes nie erlebt hat. Die Welt braucht uns und dies erlebe ich auch in meinem internationalen Dienst als Prediger. Die inneren und äußeren Nöte sind für viele Menschen unglaublich groß und sie brauchen Hilfe und eine ganz einfache Umarmung Gottes. Ich bin froh um der Menschen bzw. Gottes willen, dass ich nicht auf diese inneren und äußeren negativen Stimmen gehört habe und aus meiner Gewohnheit immer wieder herausdrehte.

1.13 Der Glaube als Licht in der Kultur

Was möchten wir Christen eigentlich durch und in unseren Gemeinden erreichen: eine „christliche“ Gegenkultur zur Welt oder eine Ergänzung bzw. ein Zusatzangebot als ein Teil der Welt? Wie sind wir Licht in dieser Welt?

Ich würde sagen, wir würden eine Gegenkultur nicht bewerkstelligen können, wegen Kräftemangel. Aber gibt es es überhaupt eine christliche für alle verpflichtende Kultur? Beim Volk Israel war es so, doch die Gemeinde sollte nach meinem Verständnis eine Ergänzung als Teil der Welt sein.

Wenn nicht, könnte das alte Problem auf uns zukommen:
Wir gewinnen Menschen aus der Welt und machen sie kulturell zu dem, was in unserer Gemeinde kulturell gelebt wird. Darin fühlen sich manche wohl und wollen meist nichts anderes mehr. Deshalb muss man sie neu motivieren, um in der Welt z. B. zu evangelisieren. Es findet ein Draußen- und Drinnen-Effekt statt (draußen böse – drinnen gut). Dabei sind aber die Christen von drinnen nicht so geschickt, weil sie wie Außerirdische in der Welt wirken mit ihrer fremden Sprache bzw. Kultur. Daher muss man sie mühsam wieder umerziehen, damit sie das Evangelium verständlich zu den Menschen bringen können. Der neu Bekehrte müsste sich in diesem Modell im Gegenzug aber nicht nur bei seiner Bekehrung zu Jesus bekehren, sondern auch zur Kultur der jeweiligen Gemeinde (z. B. Musikstil, Kleidung, Sprache, Verhalten, usw.). Daher stellt sich die Frage, ob das überhaupt hilfreich ist. (Dazu gäbe es noch mehr zu sagen.)

1.14 Gott mehr im Alltag erleben

Gott mehr im Alltag erleben. Möchten Sie das? Gott kann auf verschiedene Weise im Alltag erlebt werden. Daher möchte ich erzählen, wie ich das so mache.
Ich habe mir in meinem Alltag eine Kultur des Glaubens geschaffen bzw. einen Beziehungsraum mit Jesus, da das Christentum seine Anhänger auffordert, Beziehung mit Gott zu leben, also eine Beziehungsreligion zu sein. So sagt Jesus einmal in Offb 3,20:

> „Siehe, ich stehe vor der Tür und klopfe an. Wenn jemand meine Stimme hören wird und die Tür auftun, zu dem werde ich hineingehen und das Abendmahl mit ihm halten und er mit mir."

Es geht um eine ganzheitliche Beziehung zur Natur, zum Mitmenschen, zu sich selbst und vor allem zu seinem Schöpfer Gott. Durch das Ansehen von Jesus Christus wird uns das Herz Gottes unseres Vaters gezeigt. Ebenso begreifen wir uns selbst mit Körper, Seele und Geist, den Mitmenschen und die Natur ganz neu und anders. Wir werden mit der Zeit in das Bild Jesu verwandelt. Daher ist es wichtig, einen solchen Beziehungsraum bzw. eine individuelle aber auch eine gemeinschaftliche Kultur des Glaubens zu entwickeln.
Nun ein Beispiel aus meinem Leben, das dies etwas anschaulicher machen soll. Natürlich sollen Sie dies nicht ganz genau so gestalten wie ich, sondern Ihre individuelle Art finden, die dann auch zu Ihnen passt:

1. Ich habe einmal am Tag eine längere Zeit, wo ich mich zum Bibellesen, Beten, Ruhe finden und auf Gott zu hören zurückziehe. Meist bitte ich Gott im Vorfeld um Vergebung meiner Sünden, da diese uns von Gott trennen.

2. Ich versuche den ganzen Tag in dem Bewusstsein zu leben, dass Gott immer da ist. Somit esse, trinke, arbeite, ruhe und lebe ich in der Welt bewusster und in einer ethischen Verantwortung dieser gegenüber. Ebenso genieße und erlebe ich die Dinge viel bewusster. Ich nehme das Leben, seine Formen und Farben in einer viel tieferen Weise war.

3. Ich versuche ganzheitlich zu leben und keinen Unterschied zu machen zwischen dem, was ich glaube und was ich tue, oder zwischen Körper, Seele und Geist. Wenn ich also von Nächstenliebe rede, dann möchte ich auch

nachhaltig z. B. Menschen helfen und nicht nur mein Gewissen beruhigen. Ebenso wenn ich mich geistlich durch Bibellesen und beten fit halten möchte, muss ich z. B. auch auf genug Ruhe für meinen Körper und meine Seele achten.

4. Ich versuche alles zur Ehre Gottes zu tun – aber nicht als Knecht einer Religion, sondern freiwillig aus Liebe zu meinem Schöpfer und Erlöser ordne ich mich seiner Liebe und Weisheit in aller Demut unter.

5. Den ganzen Tag möchte ich offen sein, um mich von Gott führen zu lassen in den alltäglichen Entscheidungen, aber auch in den großen Dingen meines Lebens.

6. Dreimal am Tag lege ich Jesus Christus meine Sorgen und Nöte hin, und versuche, mich auf ihn und seinen Willen zu konzentrieren.

7. Ich versuche mit Gottes Hilfe immer mehr zu erkennen, wer er ist z. B. in dem ich begreife, dass er die Liebe in Person ist und ebenso das Gute. Aber auch das in mir nichts Gutes ist und das ich vor Gott ein Bettler bin, der nichts zu bringen hat und doch durch Gottes Liebe und Gnade der reichste Mann der Welt bin.

8. Ich versuche in allen Dingen dieser Welt den Fingerabdruck Gottes zu erkennen und ebenso versuche ich zu lieben, wo nichts mehr zu lieben ist, da ich geliebt bin von Gott durch Jesus Christus. Gott selbst, der durch den Heiligen Geist in mir wohnt, hilft mir dabei. Wenn ich mit ihm spreche, schöpfe ich daraus Kraft für meinen Alltag.

Ich wünsche Ihnen von Herzen, dass Sie auch die Kraft und den Mut bekommen, eine Kultur des Glaubens in ihrem Leben zu entwickeln. Aber auch, dass Sie die Kraft eines gemeinsamen Beziehungsraums genießen und erleben dürfen.
Möge Gott Sie segnen und Ihnen begegnen in Ihrem Leben auf eine unvergessliche Art und Weise!

1.15 Jesus war ganz schön radikal

Die Existenz von Jesus bezweifelt heute kein ernst zu nehmender Wissenschaftler mehr. Viele Menschen denken, dieser Jesus von Nazareth war doch ein guter Mann. Er hatte gute Lehren, war lieb zu Kindern und durch seine positive Ausstrahlung wurden Menschen gesund. Er war eben ein echt toller Kerl. Manche denken auch, er war wie ein friedlicher Revolutionsheld und vergleichen ihn mit Che Guevara, obwohl dieser nicht gerade friedlich war.

Doch stimmt das, was man so glaubt zu wissen?

Jesus sagt einmal im Johannesevangelium in Joh 14, 6b:

> „Ich bin der Weg und die Wahrheit und das Leben. Niemand kommt zum Vater denn durch mich."

Dies ist aber eine harte Aussage Jesu und passt so gar nicht zu dem so netten Bild, das wir uns von ihm gemacht haben.

Was sagt Jesus mit diesem Vers?

Ich bin die Wahrheit bzw. ich bin der Einzige, der dir sagen kann, was richtig und was falsch ist.

Ich bin das wahre Leben, wie auch das ewige Leben und nur bei mir gibt es das echte Leben.

Ich bin der einzige Weg zu Gott bzw. in den Himmel, außerdem weiß nur ich, wie man dorthin kommt und du kannst nur durch mich dahin kommen.

„Ja, aber", mögen Sie und ich einwenden, der nette Jesus, den ich dachte zu kennen, macht sich doch hier zu Gott und maßt sich an zu sagen, er allein wäre das einzig Richtige.

Diese obszöne Radikalität war auch der Grund für Jesus späteren Tod am Kreuz. Die Leute konnten seine Worte und Anmaßungen nicht ertragen.

So zerbricht unser Bild vom netten Jesus und führt uns zu dem Punkt, ihm zu glauben und zu vertrauen oder ihn zu verteufeln.

Ich habe meine Wahl getroffen und glaube, dass Jesus der Weg und die Wahrheit und das Leben ist und niemand zum Vater kommt als nur durch Jesus Christus.

Aber wie entscheiden Sie sich?

1.16 Sind wir alle Christen?

Viele Menschen sagen:

„Ich bin Christ“ – doch darf man dies so einfach sagen?

Ein Christ glaubt, so sagt die Bibel, dass Jesus Christus für ihn am Kreuz die Beziehung zu Gott wieder hergestellt und für seine Sünden bezahlt hat.

> „Röm 5,1 Da wir nun gerecht geworden sind durch den Glauben, haben wir Frieden mit Gott durch unsern Herrn Jesus Christus.“

Ebenso spricht die Bibel davon, dass im Leben eines Christen dessen Glaube auch sichtbar wird bzw. werden sollte.[43] Als Christ trennt man oft den Alltag, den wir leben, wie es uns gefällt und das intellektuelle Wissen. Das Wissen um Gottes willen hat somit kaum Auswirkungen in unserem Leben. Doch das Wort Gottes macht diesen Unterschied nicht. Hier wird vom Glauben und Tun gesprochen. Der Mensch ist eine Einheit und muss ganzheitlich leben und so ist auch der wahre Glaube an eine Ganzheitlichkeit des Menschen gebunden.

Z. B. vertraue ich auf die Wahrheit, dass Jesus für mich und meine Schuld am Kreuz gestorben ist und kann dadurch mein und das Leben anderer zum Guten gestalten.

> „Mt 25,40b: Was ihr getan habt einem von diesen meinen geringsten Brüdern, das habt ihr mir getan.“

Kurzum: „Glauben und tun“ heißt das Stichwort, um das es geht.

Dazu gehört soziales Handeln und vieles mehr, wie wir in der Bergpredigt hören.[44] Wir sollen uns auch in die Gesellschaft einmischen. Die Nächstenliebe führt uns dazu, dass wir uns für Menschenrechte, Naturschutz, Gleichberechtigung, Toleranz, soziale Gerechtigkeit und für das Recht jedes Menschen auf die Wahrheit einsetzen. Wir sollen vorbildlich leben, ob als Manager, Politiker oder Handwerker. Wir können nur ganz oder gar nicht Christ sein. Es ist klar, dass wir nicht perfekt sein können, aber darum geht es auch nicht:[45]

[43] 1. Joh 1,6.

[44] Mt 5.

[45] Phil 2, 13.

„Denn Gott ist es, der in euch wirkt beides, das Wollen und das Vollbringen, nach seinem Wohlgefallen.“

1.17 Was heißt Glauben?

Glaube heißt Gott vertrauen. Doch ist dieses Vertrauen ein naives Für-wahr-Halten von Dingen, die es nicht gibt, so wie es uns oft suggeriert wird? Oder eine hilfreiche Einbildung im Leben leichtgläubiger Menschen, die eigentlich Hilfe brauchen?

Das Wort Gottes, die Bibel, sagt im Brief an die messianischen Juden in Hebr 11, 1 zum Thema Vertrauen:

> „Der Glaube aber ist eine Wirklichkeit dessen, was man hofft, ein Überführtsein von Dingen, die man nicht sieht."

Was sagt uns dieser Vers?

1. Der Glaube bzw. das Vertrauen ist nicht naiv, sondern eine Wirklichkeit bzw. eine Realität.
2. Diese Realität ist eine begründete Hoffnung auf eine Realität.
3. Diese Realität überführt mich bzw. macht mich sicher, dass die Glaubensaussagen Gottes in der Bibel stimmen.

Doch eine Frage bleibt, was ist diese Realität oder Wirklichkeit?

Einer der ersten Augenzeugen des von den Toten auferstandenen Jesus Christus schreibt:

> „1. Joh 1,1 Was von Anfang an war, was wir gehört, was wir mit unseren Augen gesehen, was wir angeschaut und unsere Hände betastet haben vom Wort des Lebens."

Jesus Christus ist natürlich das Wort des Lebens. Er, Gott wurde Mensch, lebte unter Menschen und wurde von Menschen als Mensch und Gott der Liebe erkannt.

Die Menschen zu Jesu Lebzeiten haben also erlebt, dass Gott gut ist, in Jesus. Dieses Erlebte/diese Erfahrung/dieses Wissen oder diese Realität Jesu führte sie dazu, auch all seinen anderen Worten zu glauben, die er aussprach.

Nach dieser Aussage heißt Vertrauen/Glauben:

Darauf zu vertrauen, dass Gott gut ist, weil wir und die ersten Christen es erlebt haben, dass Gott gut ist und somit wissen, dass Gott gut ist.

„Glauben ist also Wissen, das Gott gut ist.“

1.18 Ist mit dem Tod alles aus?

Der Tod ist ein Thema, das heute oftmals verdrängt wird. Manche Menschen suchen im Suizid einen Ausweg aus dem Leben und ihrer Verzweiflung.
Doch ist dies wirklich ein Ausweg?
Ist nach dem Tod wirklich alles aus?
Ist der Tod eine Erlösung für den Menschen?
Was ist, wenn wir uns täuschen und nach dem Tod nicht alles aus ist?

Die Bibel, das Wort Gottes, sagt uns ganz klar, dass nach dem Tod nicht alles aus ist. Nach dem Tod beginnt erst das wahre Leben. Wir alle müssen uns eines Tages vor Gott für unsere Taten verantworten, z. B. unsoziales Verhalten, Umweltverschmutzung, Veruntreuung von Finanzen, Zorn, Hass usw.
In Mt 25 lesen wir vom Weltgericht und dort wird entschieden, ob ich meine Zukunft in Gottes Nähe verbringe oder in der absoluten Gottesferne.
Dies bedeutet: Der Tod ist keine Erlösung oder ein Ausweg meiner Probleme. Der Tod ist eine Weiterführung meines Lebens mit noch mehr Problemen. Denn ich muss mich vor Gott für meinen Lebenswandel verantworten. Der Tod zeigt uns unsere Gottesferne durch die Sünde. Ebenso dürfen wir uns nicht zu Gott machen, indem wir selbst über das Ende unseres Lebens bestimmen. Daher ist mein Leben hier auf der Erde die Chance, bei guter Führung nach Gottesmaßstäben, z. B. die Zehn Gebote, ein besseres Leben in der Ewigkeit zu bekommen.

Ich weiß nicht, wie es Ihnen geht, aber ich bin oft kein guter Mensch oder ein guter Christ. Daher weiß ich auch, ich brauche Hilfe bzw. eine Erlösung und Rettung vor mir selbst.
Daher suche ich meinen Ausweg nicht im Suizid, sondern versuche meine Probleme anzugehen. Dies tue ich in der Gemeinschaft mit anderen Gläubigen und indem ich nicht versuche, sie zu verdrängen. Doch das, was mich richtig stark macht und mir Hoffnung gibt, ist Jesus Christus. Denn er ist die Lösung meiner Probleme und somit auch meiner Zukunftsfrage – durch eine lebendige Beziehung mit Jesus Christus. Aber auch durch den Glauben an seine Erlösung meines Fehlverhaltens gegen Gottes Gebote kann ich getrost leben und sterben.

So sagt auch die Bibel in Phil 1,21:

„Denn das Leben ist für mich Christus und das Sterben Gewinn."

Wenn Sie sich schon mal gefragt haben, warum Jesus Christus am Kreuz sterben musste und nach drei Tagen von den Toten auferstanden ist: Dies geschah deshalb, damit Sie und ich beim Glauben an die Erlösung durch Jesus, die Erlösung im Gericht haben. Daher muss ich den Tod nicht verdrängen, sondern habe dadurch eine höhere Lebensqualität und eine große Hoffnung auf die Zukunft, in der Ewigkeit bei Gott zu sein. Für mich ist der Tod durch die Beziehung zu Jesus Christus und das Vertrauen daran, dass er mich erlöst hat von meinen Sünden, die Tür zur Ewigkeit Gottes. Diese offene Tür ist für mich positiv, weil ich weiß, dass mich Jesus durch diese schwere Zeit trägt.

Wenn Sie nun heute Ihr Leben verändern wollen und Jesus Christus vertrauen möchten, beten Sie mit mir:

Herr Gott/Jesus Christus verändere mein Leben zum Guten und sei du der Chef darüber! Ich will dir glauben, dass du für mich am Kreuz bezahlt hast, und möchte mit dir in Beziehung leben! Komm in mein Leben und gib mir deine Kraft zum Leben, lass mich nicht alleine und im Tod verloren sein! Amen.

Nun haben Sie den Anfang von einem Prozess gemacht, der ihr Leben lang andauert. Damit dieser Prozess immer weitergeht, möchte ich Sie um Folgendes bitten:

1. Lesen Sie täglich, was Jesus gesagt hat, die Bibel.
2. Reden Sie täglich mit Gott, man nennt das Beten.
3. Werden Sie ein Teil einer christlichen Gemeinschaft, die Sie unterstützt und Ihnen wie eine Familie ist.

Der Herr segne Sie!

1.19 Meint es Gott gut mit uns?

Wenn es einen Gott gibt, meint er es dann wirklich gut mit uns bzw. mit mir selbst? Eine ähnliche Frage stellte schon die Schlange im Paradies auf den ersten Seiten der Bibel, in 1 Mose 1–3, um die ersten Menschen zur Sünde zu verführen.
„Hat Gott wirklich gesagt?"

Hatte die Schlange womöglich recht und unser Misstrauen ist nicht unbegründet?

Schauen wir uns die ersten Seiten der Bibel an:

1. Gott schafft eine geordnete und wunderbare Welt aus nichts.
2. Er liebt die Natur, denn es gefiel ihm „sehr gut".
3. Er macht sich ein Gegenüber: den Menschen als ein Wesen mit eigenem Willen und ethischem Verhalten, also zu seinem Bilde. Wir sind das Abbild Gottes, weil wir einen freien Willen, einen ethischen Auftrag haben und dies ausdrücken können in z. B. Arbeit und Kunst.
4. Gott gibt das erste Gebot an den Menschen und dies lautet: „Esst von allen Bäumen des Gartens", dies heißt: genießt!
5. Das zweite Gebot zum Schutz lautete: Haltet euch fern vom Bösen!
   (Gott hatte einen bestimmten Baum im Garten, von dem sie nicht essen sollten, um ihnen so die freie Wahl zu ermöglichen.)
6. Gott setzt das wunderbare Geschenk der Sexualität und die Ehe ein.
7. Doch der Mensch entscheidet sich gegen Gott und wird zu einem Sünder, der am Ende sterben muss.
8. Aber Gott sagt nicht zuerst: „Du böser Mensch, was hast du getan", sondern er zieht aus der Schublade einen Plan, um das Ganze wieder rückgängig zu machen bzw. etwas noch besser wie die alte Schöpfung zu kreieren. Durch den Samen der Frau/Eva[46] der, der Schlange den Kopf zertritt. Dies wurde vom Propheten Jesaja noch mal aufgegriffen, da eine Frau eigentlich keinen

[46] Same kann auch mit Nachkommen oder Spross übersetzt werden und wird im AT oft für den Messias, sein Heilswirken und die Königsdynastie von König David verwendet. Vgl. Ernst Jenni Hg., Claus Westermann. *Theologisches Handwörterbuch zum Alten Testament,* Bd. II (München und Zürich: CHR. Kaiser Verlag München und Theologischer Verlag Zürich, 1976.), 565.

Samen hat. Jesaja sagt „eine Jungfrau wird schwanger werden..."[47] Heute wissen wir es war die Vorhersage auf Maria die als Jungfrau Jesus Christus den Erlöser und Gott selbst geboren hat. Jesus kann durch seinen Tod am Kreuz, seine Auferstehung und wenn wir ihm vertrauen unser Retter sein.

9. Der Mensch muss aus dem Paradies, damit er nicht ewig Sünder bleiben muss und die Erlösung durch den Glauben bekommen kann.
10. Gott erlässt einige Gesetze für die Zwischenzeit bis zur Erlösung, damit sich der Mensch nicht noch mehr versündigt durch Stolz und Arroganz.
11. Danach bekommt das Böse sein gerechtes Urteil.
12. Gott beginnt nun mit der Umsetzung des Planes zur Erlösung durch Jesus Christus (Heilsplan Gottes) nach 1 Mose 3 - Offbr 21.
13. Gott wurde eines Tages Mensch wie wir und hat den „Sündenfall", wie er genannt wird, rückgängig gemacht und die Lage für uns verbessert. Dies hat er geschafft durch einen Menschen, der sündlos gelebt hat, und den einzigen Preis für Sünde, den Tod, freiwillig gezahlt hat. Dieser Mensch war Gott selbst, Jesus Christus, der für uns am Kreuz starb und am dritten Tag wieder zum Leben erweckt wurde (siehe das neue Testament).
14. Jesus war nach seinem Tod noch einige Zeit auf der Erde, bis er dann zu Gott in den Himmel ging. In dieser Zeit hat er seinen Nachfolgern den Auftrag gegeben, allen zu sagen, die Erlösung ist fertig, ihr müsst sie nur noch annehmen bzw. glauben.[48]

Kann man nach diesem kurzen Abriss sagen, Gott wäre nicht gut? Ich bin persönlich so begeistert von diesen Fakten, dass ich sagen muss: „Gott ist nicht nur Gut, sondern er ist das Gute in Person."

Dieser gute Gott ruft uns in der Person Jesu, wie auch seine Nachfolger, zur Annahme der Erlösung und damit einer neuen Beziehung zu Gott auf. Wir können Vergebung der Sünden erlangen und die Überwindung des Todes, wenn wir an Jesu Erlösung glauben.

---

[47] Jes 7,14 Darum wird euch der HERR selbst ein Zeichen geben: Siehe, eine Jungfrau ist schwanger und wird einen Sohn gebären, den wird sie nennen Immanuel.

[48] Apg 1,3.

Beten Sie, wenn Sie möchten, mit mir:

Guter Gott/Jesus, ich glaube an dich und deine Erlösung am Kreuz. Lebe bitte mit mir in einer neuen Beziehung, komm in mein Leben und hilf mir durch deinen Geist, richtig zu leben! Amen.

1.20 Ich bin nicht religiös

Viele Menschen sagen: „Ich bin nicht religiös.“ Sie meinen damit, sie gehen nicht in die Kirche. Mit Religion möchten sie nichts zu tun haben, da es in der Vergangenheit der Kirche auch Episoden der Gewalt und des Terrors gab. So denken manche Menschen, Religion sei Gewalt und Terror. So gibt es viele Missverständnisse, wie die Meinung, dass man ja schon an den blutigen und grausamen Bildern des gekreuzigten Jesus in den alten Kirchen die Blutrünstigkeit von Religion sehe. Was für einen Gott hat man sich da ausgemalt? Dies und vieles mehr stößt Menschen ab. Doch ist dies berechtigt oder eben ein Missverständnis?

Es muss offen gesagt werden: Wir Menschen haben die Religion oft genug zu unserem Vorteil missbraucht. Doch darf man dies nicht z. B. auf die Kreuzigungsbilder übertragen.

Denn so grausam sie oft aussehen, ist es doch ein Bild der Freude.

Bevor Sie mich jetzt für verrückt halten, geben Sie mir die Chance, dies zu erklären.

Dazu sehen wir in die Bibel, Röm 3, 22-24:

> „Gottes Gerechtigkeit aber durch Glauben an Jesus Christus für alle, die glauben. Denn es ist kein Unterschied, denn alle haben gesündigt und erlangen nicht die Herrlichkeit Gottes und werden umsonst gerechtfertigt durch seine Gnade, durch die Erlösung, die in Christus Jesus ist.“

Der Gott des Christentums sagt uns also, der Mensch ist sündig. Dies heißt, er hält sich nicht an Gottes Lebensordnungen bzw. Gebote und tut, was er möchte. Dies tat der Mensch früher nicht, siehe 1 Mose 1–3, und lebte in Harmonie mit der Natur und Gott. Doch eines Tages entschied sich der Mensch frei und willentlich gegen Gott. Dies ist auf den ersten Seiten der Bibel nachzulesen. Um den Zustand der Harmonie wieder herzustellen und ihn noch zu verbessern, hat Gott eine Lösung. Die Lösung ist seine Erlösung durch Jesus Christus.

Er legt unsere Sünde auf sich selbst, also auf den Menschen Jesus Christus, damit wir freien Zugang zu Gott haben, wenn wir es annehmen/glauben. So sagt uns diese Bibelstelle.

Ich bin ein großer Fan von Alpha-Kursen. Diese Kurse werden in ganz Deutschland angeboten und dort erklärt Pfarrer Nicky Gumbel auf einer DVD das Ganze mit einem Buch. Er formt seine beiden Hände zu einer Waage und legt ein Buch auf eine der beiden Hände. Nun wird der Platz getauscht, also das Buch auf die andere Hand gelegt. Seine Erklärung ist die, dass so wie das Buch getauscht wird, ist auch der Tausch am Kreuz zu verstehen mit unserer Sünde. Jesus nimmt unsere Sünden auf sich wie die andere Seite der Wage das Buch aufnimmt. Jesus tauscht seine Reinheit bzw. Heiligkeit mit unserer Sünde, wenn wir das Angebot annehmen. Möchten Sie das Angebot heute annehmen?

Das Angebot Jesu ist kostenlos, wie die Bibelstelle Römer 3, 22–24 es sagt, sie müssen dieses nur aktiv glauben/vertrauen.

1.21 Die Bibel

Die Bibel – das meistgelesene Buch der Welt. Doch eine Frage an Sie: Lesen auch Sie die Bibel?

Vielen meiner Bekannten ist die Bibel zu trocken und sie verstehen nur sehr wenig darin.

Fragen Sie sich auch: „Was bringt mir diese alte Bibel für meine aktuelle Lebenssituation?“

Aber ich glaube schon, dass die Bibel trotz ihres Alters sehr aktuell ist. Wenn Menschen sich überwanden, die Bibel zu lesen, ist meist eine Veränderung eingetreten. Dies sehen wir schon an der europäischen Kultur, die sehr vom Christentum und der Bibel beeinflusst wurde und ist. Was wir unter Toleranz, Humanität, Nächstenliebe, Demokratie und Menschenrechten verstehen, hat oftmals seinen Ursprung in der Bibel.

Auch unser Grundgesetz ist sehr stark von den 10 Geboten beeinflusst, die aus der Bibel stammen. Ich möchte Sie an die Abschaffung der Sklaverei in England durch den Methodismus erinnern. Ebenso der Einfluss des Pietismus auf Bismarck, der zu unserem heutigen Krankensystem[49] mit den diakonischen Einrichtungen führte. Aber auch die ersten Waisenhäuser wurden durch den Einfluss des Pietismus erbaut. Zu beachten ist auch die Mündigkeit und Gleichheit der Christen bzw. aller Menschen durch die Reformation, deren Grundlage ebenso die Bibel war. Die Bibel ist ein Buch der Freiheit. Sie spricht nicht nur von der Freiheit, sondern hat auch immer die Träger der Freiheit unterstützt, z. B. Hans und Sophie Scholl, Bonhoeffer, Martin Luther King, usw. In Ländern, wo man die Bibel lesen darf, herrscht meist Freiheit. Das Gegenteil ist zu sehen in China, dort werden Christen verfolgt und die Bibel zu lesen ist verboten.[50] So gibt es noch viele Dinge, die ohne Bibel und Bibellesen nicht vorstellbar sind. Natürlich ist die Bibel auch Weltliteratur, doch eins ist noch wichtig, denn Gott selbst offenbart bzw. erklärt sich darin, wie er ist, was er möchte und was für immer gilt. Kurz gesagt, die Bibel ist die Gebrauchsanweisung für das Leben oder

[49] Gesundheitssystem.

[50] Vgl. www.opendoors-de.org vom 6.01.20112.

der „dickste Liebesbrief der Welt“ von Gott an den Menschen. Ich möchte Sie heute ermutigen: Lesen Sie die Bibel, damit Sie einen unbegreiflichen Schatz Ihr eigen nennen können! Übrigens, auf der Suche nach Gott ist die Bibel ein Meilenstein. Wenn Sie manches nicht verstehen, gehen Sie in christliche Gemeinschaften, um mit anderen darüber zu diskutieren und neue Erkenntnisse zu erhalten, die Ihr Leben mit Sicherheit verändern werden. Lesen Sie Bibel! Selbst Muslime werden in der Sura Al-Imram 3, 42–55 (3,48)[51] zum Lesen des Evangeliums (Injil) aufgerufen.

Es segne Sie der allmächtige Gott, der Vater, der Sohn und der Heilige Geist!

[51] Vgl. *Der Koran* (Stuttgart: Reclam, 1960), 67–73.

1.22 Ich bin tolerant

„Ich bin tolerant", so hört man landauf landab Menschen reden. Es scheint, als gäbe es heute nichts Schlimmeres, als nicht tolerant zu sein. Toleranz scheint mir daher ein wichtiges Gut in Deutschland zu sein. Doch, was steckt wirklich dahinter? Was heißt Toleranz? Auf der Homepage der UNESCO habe ich gelesen,[52] dass Toleranz nicht nur tolerieren bedeutet, sondern noch mehr, wie z. B. Respekt vor dem Anderen und seinem Anderssein zu haben. Ich weiß nicht, wie Sie dies erleben, aber ich erlebe oft Menschen, die das Wort Toleranz nur als Ausrede benutzen. Denn im Grunde möchten sie nur Ihre Ruhe haben nach dem Motto: Solange du niemandem schadest oder etwas von mir möchtest, kannst du tun und lassen, was du willst. Das heißt also: Im Grunde ist mir es ganz egal, was du tust, ich mach meins und du machst deins aber lass mich ja in Ruhe.

Man hat also kein Interesse an dem Gegenüber und ist total auf sein eigenes Ego fixiert. Mich wundert es daher nicht, dass unsere Gesellschaft vereinsamt. Es möglich, tagelang tot in seiner Wohnung zu liegen, ohne bemerkt zu werden, dass es überforderte Frauen gibt, denen keiner hilft, die schwanger sind und später plötzlich keine Kinder mehr haben. Dass Menschen in der U-Bahn zusammengeschlagen werden, ohne dass jemand hilft.

Doch ist dies Toleranz? Ich würde es nicht Toleranz nennen, sondern Egoismus. Gott empfiehlt uns gegen den Egoismus die Nächstenliebe, siehe dazu auch in der Bergpredigt Mt 5. Wir sollen ihn und unseren Nächsten lieben wie uns selbst – durch den Glauben an Jesus Christus, der uns die Kraft dazu gibt. Auf gut Deutsch: „Habe Respekt vor Gott und behandle jeden Menschen mit Respekt, so wie du auch behandelt werden möchtest, und indem du Christ wirst, bekommst du auch die innere Kraft dazu!"[53] Da ist wieder unser Wort „Respekt", was auch im deutschen Grundgesetz verankert ist, in Form von: „Die Würde des Menschen ist unantastbar".[54] Daher kann man doch sagen: Echte Toleranz ist Respekt bzw.

[52] Vgl. http://www.unesco.de/erklaerung_toleranz.html vom 18.01.2012.

[53] Phil 2,13.

[54] Vgl. http://www.bundestag.de/dokumente/rechtsgrundlagen/grundgesetz/gg_01.html vom 18.01.2012.

Nächstenliebe zu Gott und jedem Menschen. Daher möchte ich uns auffordern, echte Toleranz zu leben und nicht unser Ego zu stärken.

Wenn Sie nun fragen: „Aber wie kann ich Menschen mit Respekt behandeln, die ich nicht mag?“ Hier können Sie sich auf Gott verlassen, der uns in Jesus Christus die Kraft dazu gibt. Wenn wir mal versagt haben, können wir von vorne beginnen. Allerdings bekommt man diese Kraft nicht, wenn man sich nur Christ nennt, sondern nur, wenn man in einer Beziehung mit Jesus Christus lebt. Man kann sich auch tolerant nennen und einen ganz anderen Lebenswandel führen. Dies wäre verkehrt. Daher lassen Sie uns echte Toleranz, Respekt und Nächstenliebe üben.

Bitten/sprechen Sie zu Gott, dass er Ihnen dabei hilft und Ihnen seine Kraft gibt!

1.23 Jesus fühlt mit

Jesus weiß, was es bedeutet, zu leiden. Um dies zu zeigen, wollen wir einen Blick in die Evangelien werfen, die uns das meiste von Jesu Leben wiedergeben.

1. Gott wird Fleisch bzw. Mensch in Jesus und hatte die gleichen Voraussetzungen wie wir auch. Er schwitzte, kannte Schwäche, er war ein sexuelles Wesen mit einem Körper, Seele und Geist.

2. Jesus ist Gott und Mensch zugleich. Wie gesagt, er kennt alle Gefühle wie Hunger, Durst, Wut, Freude, sexuelles Verlangen, Angst, Schmerz, Genuss, Liebe, Nähe, usw.

3. Jesus war durch das Menschsein an die irdischen Regeln gebunden, wie Kultur und Traditionen, Altern, Naturgesetze, er musste lernen, er hatte Eltern usw.

4. Er musste sehen und fühlen, was wir sehen und fühlen, wie Krankheit, Tod und Leid.

5. Er ist von Gott abhängig, wie wir auch. Er sagte einmal: „Ich tue nur, was mein Vater im Himmel tut".

6. Weil er aber auch Gott ist, sieht er ebenfalls alles voraus. Leid, Tod, Krankheit oder den, der ihn später verrät. Da kann man nur sagen: „Was für eine Last Gott zu sein" oder „Zu wissen, was die Menschen denken, ist wie die Hölle auf Erden".[55] Gebete erhören und sich um alles kümmern müssen, gerecht und gleichzeitig gnädig sein, den menschlichen Willen achten usw. ist eben nicht einfach.

7. Jesus wurde versucht bzw. geprüft, wie wir auch, nur hat er es geschafft, z. B. in der Wüste 40 Tage lang. Aber dies war noch nicht alles. Er wird in eine arme Familie geboren, politische Unruhen sind an der Tagesordnung. Jesus ist Flüchtling, er wird Reise-Zimmermann, sein Vater stirbt sehr früh, Christus wird als uneheliches Kind verachtet, er wohnt in einer schlechten Wohngegend. Er musste vermutlich seine Geschwister durchfüttern, Jesus wurde Wanderprediger und lebt von Spenden. Der Herr Jesus hatte keine Akademiker als Schüler, sondern eher Angsthasen, Angeber, Verräter usw. Seine Familie will ihn entmündigen lassen, er wird gehasst und geliebt,

[55] Unbekanntes Zitat.

es glauben ihm nur wenige und die meisten wollen von ihm nur ein Wunder sehen. Keiner hört ihm zu, Jesus wird als Teufel verachtet, die religiösen Führer wollen ihn töten, die meisten seiner Anhänger verlassen ihn, ein guter Freund verrät ihn und dies führt zum Tod. Jesus wird geschlagen, von seinen Freunden verleugnet und verlassen, er wird unschuldig gefoltert, viele stellen ihm hinterlistig nach, Christus wird zum Krüppel bzw. bis zum Schwerbehinderten geschlagen, er muss alles verlassen und hergeben. Das Gericht ist ungerecht und verurteilt ihn zum Tod. Der Herr Jesus wird bespuckt, er wird verflucht, er hat Schande auf sich geladen, er ist für alle Welt nackt am Kreuz zu sehen, er wird in der Todesstunde verlacht und versucht. Christus muss seine Mutter in die Pflege zu seinem Freund und Schüler Johannes geben. Jesus muss für uns in die Hölle gehen und wird das erste Mal getrennt von seinem Vater, Gott. Schmerzen, ersticken, psychische und seelische Verletzungen, verbluten, Blutvergiftung[56] usw. besiegeln sein scheinbares Ende. Und seine Feinde lachten über ihn, als alle Sünde der Welt in einem Augenblick auf ihn gelegt wurde. Ebenso musste er darauf vertrauen, dass Gott ihn nach drei Tagen von den Toten auferweckt, denn er musste sterben. Auch seine Anhänger verließen ihn bis auf ein paar Frauen. Wegen der Frauen, zu denen er so gut war, wird er bis heute verleumdet. Sein Volk, seine Heimat stößt ihn aus. Nach seiner Auferstehung wird er verleugnet und an ihm wird gezweifelt. Sein Lebenswerk scheint zerbrochen und seine späteren Anhänger werden verfolgt. Jesus muss seine Anhänger auf der Erde zurücklassen, er wird als Gott immer Mensch bleiben und seine Anhänger bzw. die Kirche ist bis heute nicht fehlerlos.

Zusammengefasst:

Daher weiß Jesus bzw. Gott, was es heißt, Mensch zu sein. Er sieht das Leid der Welt, musste selbst leiden und sterben. Doch er ist nicht daran zerbrochen, wie wir so oft. Er hat in allem Leid daran festgehalten, dass Gott gut ist.

[56] Jesus wurde hausgepeitscht. Eine solche Peitsche war unteranderem aus Knochensplittern und riss ganze Fleischfetzen heraus. Wäre Jesus nicht gekreuzigt worden wäre er mit hoher Wahrscheinlichkeit schon nach der Auspeitschung an Blutvergiftung gestorben oder er wäre zumindest ein Pflegefall gewesen. Siehe dazu den Film „Die Passion Christi" von M. Gibson. Dieser Film ist zwar nur ein Film aber kommt der Realität in diesem Fall sehr nahe. Vgl. Mel Gibson, *DVD: Die Passion Christi.* München: Constantin Film AG, 2004.

1.24 Kirche als Familie

Kirche als Familie. „Ach was, Kirche als Familie gibt's doch nicht. Ich habe nur Schlechtes mit der Kirche erlebt, weil ..."

Solche Aussagen höre ich des Öfteren. Die Kirche ist nicht perfekt daher ist manche Kritik durchaus berechtigt. Doch vergessen viele Menschen, auch die Christen selbst, dass alle Christen die Kirche sind. Nicht das Gebäude oder der Pfarrer ist die Kirche – nein wir sind Kirche, wir sind als Christen alle Priester und Stellvertreter Gottes auf Erden, also Papst (1. Petrus 3,9 und Johannes 10,4). Wir spiegeln einen Teil Gottes auf dieser Erde wieder, doch können wir auch das Gegenteil bewirken durch unseren schlechten Lebenswandel. Die Bibel sagt, wir sind lebendige Steine bzw. der Tempel Gottes.[57] Daher möchte ich Sie aufrufen: Werden Sie Christ, werden Sie Familie in der weltumspannenden Kirche und seien Sie Priester und Papst auf dieser Erde. Jesu Liebe und Friede hilft uns bei der Einheit in Vielfalt der Familie Gottes. Seien sie eine heilende Gemeinschaft für Menschen und nicht nur ein Mitglied einer Organisation!

[57] 1. Petr 2,5.

1.25 Lieben, wo nichts mehr zu lieben ist

Haben Sie schon mal gedacht:

„Da hört aber jetzt die Liebe oder die Toleranz auf“ oder „Hier gibt es einfach nichts mehr zu lieben.“

Ich habe viel mit Menschen zu tun und da höre ich oft den Satz:

„Man kann jemandem helfen, wenn unverschuldet ein Unglück über ihn kam. Doch wenn er daran selbst Schuld hatte, dann helfe ich ihm nicht“.

Ich gebe zu, es gibt viele, die unverschuldet in eine schwere Situation kommen, doch kann ich sagen, den anderen helfe ich dann nicht? Wenn ich mein Leben ansehe, muss ich sagen, an 99 % meiner Probleme im Leben habe ich selbst Schuld. Was würde ich machen, wenn mir nun keiner mehr helfen würde, weil ich ja selbst schuld bin an meinem Unglück? Ehrlich gesagt, ich wüsste nicht, was ich machen würde. Ebenso ist es mir eine große Hilfe, wenn ich Menschen begegne, an denen nichts mehr zu lieben ist und ich mich dadurch an meine Probleme und Fehler erinnere. Denn ich habe erlebt, dass Gott in Jesus Christus durch seine Erlösungstat am Kreuz auf Golgatha vor 2000 Jahren, noch bevor ich geboren war, meine Schuld, Sünde und Versagen bezahlt und weggetan hat. Das war Gottes größter Liebesbeweis aller Zeiten an den Menschen, an Sie und mich. Er hat mich als Erstes geliebt und ich habe seine Liebe nun erwidert. Nun lebe ich mit ihm und vertraue ihm, dass er für mich bezahlt hat und mir heute noch im Leben hilft, egal was kommt. Diese Liebe Gottes zu mir macht mich fähig zu lieben, wo nichts mehr zu lieben ist. Ich kann also niemandem die Liebe verweigern, denn was würde ich mir anmaßen, wenn doch Gott mich liebt und ich meinen Nächsten diese Liebe nicht weitergebe? Ich möchte nicht mit Liebe geizen, denn Gott geizt bei mir auch nicht. Nun steht auch Ihnen dieses Angebot offen, sich von Gott lieben zu lassen und diese selbstlose Liebe kostenlos weiterzugeben, wenn Sie die Liebe Gottes erwidern. Wie kann man die Liebe Gottes erwidern?

Sagen Sie zu Gott: „Jesus Christus, komm in mein Leben und verändere mich zum Guten! Sei du der Boss in meinem Leben!“

Nun beginnt ein freiwilliger lebenslanger Prozess, in dem Sie bestimmen können, inwieweit Gott Sie zum Guten verändern darf. Meine Bitte an Sie: Lassen Sie Gott an sich ran, auch wenn es unangenehm wird!

Gott segne Sie!

1.26 Vertrösten die Christen nur auf die Ewigkeit?

Irgendwann wird alles besser, im Himmel ist alles gut, im Alten Testament ist alles sehr materiell, aber im neuen Testament geht es nur um den Himmel. So hört man des Öfteren, doch werden wir deshalb vom Christentum auf die Ewigkeit vertröstet? Schauen wir uns die Bibel, das Wort Gottes, an.

> „Mt 16,25: Denn wer sein Leben erhalten will, der wird's verlieren; wer aber sein Leben verliert um meinetwillen, der wird's finden."

Konkret heißt dies:

> „Mt 5,44: Ich aber sage euch: Liebt eure Feinde und bittet für die, die euch verfolgen ..."

Wer also Christ werden möchte, sagt seinem Egoismus ab. Sein Egoismus stirbt und dann wird er frei und findet etwas Besseres. Dies gilt schon hier auf der Erde, wie wir gelesen haben. Aber wir werden es nicht leicht haben hier auf der Erde und besonders nicht, wenn man Christ ist. Wir haben in der Bibel mehr Texte, die uns sagen, dass wir auf der Erde so manches zu leiden haben, als Texte, die uns sagen, dass es uns gut geht. Doch unser Leben bekommt dadurch mehr Qualität. Weiter lesen wir in Joh 10,10b:

> „Ich bin gekommen, damit sie das Leben und volle Genüge haben sollen."
>
> „2. Kor 9,8: Gott aber kann machen, dass alle Gnade unter euch reichlich sei, damit ihr in allen Dingen allezeit volle Genüge habt und noch reich seid zu jedem guten Werk."

Gott bzw. Jesus Christus möchte uns das „Leben in Fülle" geben. Hier auf Erden sollen wir schon von allem genug haben. Aber nicht für uns alleine, sondern damit wir „gute Werke" tun können. Also wer z. B. Geld oder viel zu Essen hat, ist dazu verpflichtet, Menschen zu helfen, die nicht so viel haben. Wir werden von Gott beschenkt, damit wir andere beschenken können. Wir sollen als Christen heute selbstlos sein, denn unser Egoismus ist im Sterben begriffen bzw. schon tot! So schenkt uns Gott nicht nur das Leben in Fülle, sondern auch das ewige Leben in Fülle bei ihm.

> „Joh 11,25: Jesus spricht zu ihr: Ich bin die Auferstehung und das Leben. Wer an mich glaubt, der wird leben, auch wenn er stirbt."

Zusammenfassend kann man sagen, das ewige Leben hat schon jetzt begonnen. Daher sollen wir jetzt schon so leben wie im Himmel. Auch wenn es viel Leid auf der

Welt gibt, sollen wir selbstlos handeln und nicht nur an uns denken. Wir haben als Christen von Gott das Leben in Fülle bekommen. Schon jetzt hat es begonnen und vollendet wird es sein in der Ewigkeit.

Ein weiterer Bibelvers zur Ermutigung für Sie und mich, um uns auf die Ewigkeit zu freuen, die jetzt schon begonnen hat, da Gott Gerechtigkeit schaffen wird, und trösten für alles Leid auf der Erde.

> „Offbr. 21, 4: Und Gott wird abwischen alle Tränen von ihren Augen, und der Tod wird nicht mehr sein, noch Leid noch Geschrei noch Schmerz wird mehr sein; denn das Erste ist vergangen."

1.27 Warum gibt es Leid?

Warum gibt es Leid? Dies ist wohl eine Frage, die fast so alt ist wie die Menschheit. Als Prediger und Theologe werde ich dies oft gefragt und ich bin mir bewusst, dass ich nur eine oberflächliche Antwort geben kann. Doch schauen wir, was Gott bzw. die Bibel zu diesem Thema sagt:

1. Die Welt ist seit dem Sündenfall[58] „gefallen" bzw. von der Sünde durchzogen. Der Mensch hatte die Welt von Gott bekommen, um sie zu verwalten. Der Mensch aber dachte sich, er weiß es besser als Gott und wollte sein eigenes Ding machen. So waren die Schöpfung und der Mensch sich selbst überlassen. Gott achtete den freien Willen des Menschen und alles fiel ins Chaos. Anschaulich wird dies, wenn man die Natur sich selbst überlässt. Mein erster erlernter Beruf war Gärtner. Daher kann ich Ihnen sagen, wenn man z. B. die Lüneburger Heide oder ähnliche Kulturlandschaften sich selbst überlässt, gibt es sie sehr schnell nicht mehr. Dieses Beispiel zeigt ein wenig, wie die Natur die Hilfe des Menschen braucht und nicht alleine gelassen werden darf. Aber auch in einer unberührten Naturlandschaft die es so kaum noch gibt gilt das Gesetzt des stärkeren und wenn eine Population zu stark wird schadet auch dies der Umwelt.[59]
2. Der zweite Punkt ist also: Der Mensch ist zum größten Teil für die Zustände auf dieser Welt selbst verantwortlich. Gott ist aber so gut – sagt die Bibel – dass er täglich versucht, die Welt nicht ganz aus den Fugen geraten zu lassen.
3. Ebenso gibt es auch das Böse. Ich vermute mal, Sie werden mir recht geben, dass es böse Kräfte gibt, aber doch nicht das Böse in Person. Nun sagen Sie, wir sind doch nicht im Mittelalter oder in der Märchenstunde. Doch bedenken Sie eins: Streiten Sie das Böse als Person ab, wie konnte dann z. B. der

[58] 1 Mose 1-3.

[59] Dies sind Beispiele die wie alle Beispiele hinken.

Holocaust geschehen?[60] Man kann also sagen: Seit dem Holocaust ist es keine Frage mehr, ob das Böse in einer Person existiert.[61]

4. Gott ist Liebe und möchte das Beste für den Menschen, der aber seit dem Sündenfall meist den Hang zum Schlechten oder dem Egoismus hat. Daher möchte Gott aus Liebe uns Menschen zum Guten erziehen Mt 5.

Leid auf dieser Welt gibt es also, weil die Schöpfung seit dem Sündenfall durchzogen ist von Sünde und Egoismus. Der Mensch ist selbst verantwortlich für sein Tun, verändert aber kaum etwas. Es gibt das Böse in Person, das viel zerstört. Gott möchte uns in Liebe zum Guten erziehen.

Vielleicht hat es Sie zum Nachdenken gebracht – mich auf alle Fälle. Ich wünsche Ihnen noch Gottes reichen Segen und Gottes Beistand!

---

[60] Der Holocaust bzw. diese Menschen Vernichtung wurde wie kein anderer Völkermord geplant und strukturiert siehe dazu die Wannsee-Konfernez.

[61] Vgl. http://www.konstant-z.de/israel-de/warum-gab-es-den-holocaust/?lang=de vom 7.04.2012., http://www.zeit.de/wissen/geschichte/2012-01/wannsee-konferenz-kommentar vom 7.04.2012. und http://de.wikipedia.org/wiki/Das_radikal_B%C3%B6se vom 7.04.2012.

1.28 Warum Gott Leid zulässt

Warum Gott „dies" zulässt oder warum Gott Leid zulässt? Diese Frage begegnet mir sehr oft als Prediger im Gespräch mit Menschen. Viele dieser Menschen erwarten keine Antwort von mir, sondern möchten ihre Wut, ihrem Unverständnis und ihrer Klage Ausdruck verleihen. Und dies ist auch erst mal gut so. Für mich ist dabei erst mal zuzuhören wichtig, denn wir dürfen als Christen allen Schmerz, alle Wut und alles Chaos Gott vor die Füße werfen. Hierfür sind die Psalmen z. B. von König David im Alten Testament ein gutes Vorbild. Wir dürfen mit aller Offenheit und Respekt Gott begegnen. Menschen in Not empfehle ich auch des Öfteren, was Helmut Thielicke gesagt hat: nicht zu fragen „warum?" sondern „wozu?" mir so etwas geschehen ist.[62]

Doch es gibt auch immer wieder Menschen, die nicht bei ihrer Problematik stehen bleiben, sondern immer mehr nach den großen Zusammenhängen in einer globalen Perspektive fragen. Solchen Menschen kann ich aus der Bibel, dem Wort Gottes, heraus erklären, dass wir einen eigenen Willen haben. Dieser wird von Gott respektiert, zu 100 %. Wenn wir nun dem Bösen erlauben zu wirken, wird Gott dies erst einmal akzeptieren. Wir Menschen haben an den meisten Dingen selbst Schuld und möchten dafür immer gerne Gott verantwortlich machen. Doch wenn wir in die Bibel schauen, sehen wir dort, dass sich der Mensch schon am Beginn der Zeit von Gott getrennt hat, weil er es besser wissen wollte als sein Schöpfer, Freund und Konstrukteur. Somit fiel die ganze Schöpfung in Sünde.[63] Der Mensch sollte die Erde, das Universum usw. verwalten, doch er überließ alles sich selbst oder missbrauchte es. In diese Verlorenheit, dieses Leid, diese Grausamkeit, diese Einsamkeit voller Egoismus und Besserwisserei kam nun Gott selbst in Jesus Christus, um selbst zu leiden und zu sterben, damit wir dies nicht mehr erleiden müssen. Wenn Sie schon mal das im heutigen Sprachgebrauch seltsam klingende Wort aus dem Glaubensbekenntnis gehört haben: Er gab seinen „eingeborenen Sohn": dies heißt, dass er – Gott selbst – hineingeboren wurde in diese Welt voller Sünde und Elend. Jesus wurde uns gleich und hat unseren Lohn gezahlt, damit wir

[62] Vgl. Thielicke, *Theologische Ethik: Zweiter Band: Entfaltung: 1 Teil: Mensch und Welt,* a. a. O., 1192.

[63] 1 Mose 3.

wieder Friede mit Gott haben.[64] Sie sagen nun aber: Ich bin doch vielleicht schon ein gläubiger Mensch und habe immer noch Leid zu tragen. Dies liegt daran, dass wir in einer Zwischenzeit leben, in der die Erlösung schon begonnen hat – doch die vollkommene Erlösung kommt erst noch, siehe 1 Kor 13. Denn eines Tages wird Gott alles neu machen. Aber bis dahin dürfen wir uns getrost an Jesus, der Gott selbst ist, wenden, weil er uns durch sein Menschsein 100%ig versteht. Er trägt uns im Leid und dies ist auch mein Trost in Zeiten des Leidens. Gott weiß, was es heißt zu leiden. Daher würde ich so weit gehen zu sagen: Gott ist vor allem dort, wo das Leiden am größten ist. Gott sagt mal selbst, er ist ein Gott der Witwen und Waisen.[65] In jedem Armen und leidenden Menschen begegnet uns Jesus Christus, der Gott allen Seins.[66]

Möge Sie dieser Gott segnen und in allem Leiden tragen, bis das Neue kommt!

[64] Röm 5,1; 6,23.

[65] Ps 146,9.

[66] Mt 25.

1.29 Erklärung des Leids kein Trost für leidende Menschen

Warum gibt es Leid auf dieser Welt oder anders formuliert: Warum lässt Gott dies zu?

Hier nur ein paar logische Argumente, die aber keinen Anspruch auf seelsorgerlichen Trost erheben. Trost und Mitgefühl ist oft wichtiger für Angehörige eines Schicksalsfalls als bloße Logik.

Leid ist ein Bestandteil des Lebens weil:

1. Der Mensch hat das Böse gewählt und durch ihn die ganze Welt, siehe Mose 3.
2. Der Mensch gibt und gab dem Bösen Raum. Es gibt das Böse in Person, siehe Mose 3.
3. Der Mensch ist an 95 % alles Schlechten selbst schuld[67], z. B. Umweltverschmutzung (eine unter vielen globalen Sünden), falsche Ernährung, Egoismus, Habgier. Der Mensch ist ein krankhafter Sünder. Davon berichtet unter anderem die ganze Bibel.
4. Gott lässt Leid zu, damit wir erzogen werden und unser Charakter zum Guten geformt wird. Im Leid kann unser Glauben an Gottes Liebe wachsen, wenn wir unsere Erlösungsbedürftigkeit erkennen. Gott lässt unter anderem Leid zu, siehe die biblischen Bücher 2 Sam 24, 1, 1 Chr 21,1 und Hiob.
5. Es gibt manchmal keine Erklärung, siehe das Buch Hiob. Wir sind eben begrenzte Menschen und nicht Gott. Gott sieht alles und hat alles geschaffen. Wir sehen nur aus der Perspektive eines Menschen von der Erde aus und mehr nicht. Bedenken wir den Mikro- und Makrokosmos, das Weltall und die Tiefen im Ozean bieten uns immer noch große Rätsel, die wir vielleicht nie ergründen können. Selbst unser menschliches Gehirn stellt uns immer noch vor große Rätsel. Gott ist einfach größer als wir.

[67] Vgl. Nicky Gumbel, *Heiße Eisen angepackt*, Übers. D. Ewert, Aufl. 9 (Hamburg: Verlag C. M. Fließ, 2009), 14.

1.30 Beziehungsreligion

Wussten Sie schon, dass das Christentum eine Beziehungsreligion ist und keine Leistungsreligion? Das Christentum unterscheidet sich von allen anderen Religionen, weil es hier erst einmal um Beziehung geht und dann um gute Werke. Gute Werke sind Folgen der Beziehung zu Gott. Also aus Liebe zu Menschen und einem unfassbaren Gott außerhalb unseres Vorstellungsvermögens tue ich, was Gott möchte und was das Beste für die Menschen ist. Es geht also nicht als Erstes um mich, sondern um Gott und den Anderen.

Wie komme ich auf diese Aussage?

Schauen wir in das Wort Gottes, die Bibel, in der uns Gott selbst erklärt, dass er vor allen anderen Dingen als Erstes Beziehung mit uns möchte. Gott schafft im ersten Teil der Bibel den Menschen als freies Gegenüber und setzte ihn in einen Garten, den er extra für ihn gemacht hatte. Gott besucht den Menschen des Öfteren am Abend, um mit ihm Beziehung zu haben. Als der Mensch sich von Gott trennen wollte und wegen dieser Rebellion gegen Gott sich auch von Gott trennen musste, kam Gott erneut mit dem Menschen ins Gespräch. Er legte ihm auch seinen Erlösungsplan vor, also den Plan, um diese Beziehung wieder herzustellen und zu verbessern. In vielen tausend Jahren offenbarte, also stellte sich Gott immer wieder Menschen vor, um mit ihnen Beziehung zu pflegen und ein Exempel zu statuieren, wie er so ist und was er möchte. Diese Leute stellt uns die Bibel vor. Dies sind Personen wie Henoch, Noah, der Mann der Arche, Abraham, der seine Heimat für Gott verließ, oder Mose, der Mörder und spätere Führer des Volkes Israel aus Ägypten. Eines Tages erwählte Gott sich das Volk Israel, die Juden, die bis heute ein besonderes Volk Gottes sind. Gott wollte nicht nur mit ein paar wenigen Menschen Beziehung pflegen, sondern mitten in einem Volk leben, und zwar nicht nur am Abend wie im Paradies[68], sondern auf Dauer. Gott lebte bei Israel in einem Zelt und später im Tempel. Doch wer mit Gott leben möchte, muss heilig leben, denn Gott ist das Gute, die Liebe, die Gerechtigkeit und die Heiligkeit. Wer sich also nicht dementsprechend verhält, kann nicht ohne zu sterben – so sagt die Bibel – in Gottes barmherziger Nähe sein. Siehe dazu 2 Mose bis 5 Mose. So musste Gott Regeln und

[68] 1 Mose 3,8.

Gebote erlassen, damit die Juden in seiner Nähe sein konnten, ohne zu sterben. Sie sollten das Vorbild für alle Welt sein, an dem man sehen kann, wie es aussieht, wenn Gott bei uns wohnt. Doch wir damals und auch wir heute sind nun mal nicht Gott und auch wir haben uns nicht dementsprechend verhalten wollen und können, so wie es Gott angemessen wäre. So musste Gott einen anderen Weg finden, den er wunderlicher Weise schon von Anfang an geplant hatte. Damit wir in Gottes Nähe sein können, müssen wir frei von unseren Sünden werden. Dies hat Gott selbst gemacht, indem er sich als Mensch am Kreuz töten ließ und uns so reingewaschen hat, um in Gottes Gegenwart zu sein. Als Christ darf man nun diese Reinheit durch den Glauben annehmen und mit Gott Beziehung leben. Denn Gott wohnt durch seinen Heiligen Geist in jedem Christen, deshalb sagt die Bibel auch: wir sind der Tempel Gottes.[69] Gott möchte in uns wohnen, bei dir sein, doch nur, wenn wir ihm Raum geben, wird er dies tun. Ebenso sollen wir auch heilig leben, weil Gott in uns ist als Christ. Dies beinhaltet Dinge wie gesunde Ernährung, aber auch keine Sünde zu tun. Nun sagen Sie: „Das ist mir aber nicht genug und dies hört sich für mich alles so vage an und ich spüre doch nichts davon.“ Gottes Plan geht auch weiter. Eines Tages wird Gott eine neue Welt machen – wieder mit Tieren und Pflanzen und dort wird Gott bei uns wohnen in unserer Mitte. Die Bibelstelle, Offbr. 21, 1-5, die davon berichtet, lautet wie folgt:

> „Und ich sah einen neuen Himmel und eine neue Erde; denn der erste Himmel und die erste Erde sind vergangen, und das Meer ist nicht mehr. Und ich sah die heilige Stadt, das neue Jerusalem, von Gott aus dem Himmel herabkommen, bereitet wie eine geschmückte Braut für ihren Mann. Und ich hörte eine große Stimme von dem Thron her, die sprach: Siehe da, die Hütte Gottes bei den Menschen! Und er wird bei ihnen wohnen, und sie werden sein Volk sein und er selbst, Gott mit ihnen, wird ihr Gott sein; und Gott wird abwischen alle Tränen von ihren Augen, und der Tod wird nicht mehr sein, noch Leid noch Geschrei noch Schmerz wird mehr sein; denn das Erste ist vergangen. Und der auf dem Thron saß, sprach: Siehe, ich mache alles neu! Und er spricht: Schreibe, denn diese Worte sind wahrhaftig und gewiss!“

[69] 1 Kor 6,19.

1.31 Gottes Realität in meinem Leben

Heute möchte ich Ihnen etwas aus meinem Leben erzählen. Nicht weil ich so toll bin, sondern weil des Öfteren Menschen um mich herum gesagt haben, ich hätte eine interessante Lebensgeschichte. Alles kann ich nun nicht erzählen, aber einen Punkt möchte ich herausgreifen. „Gottes Realität in meinem Leben."

Heute erlebe ich Gottes Realität in meinem Leben, wenn auch nicht ständig. Doch dass Gott meist so real in meinem Leben ist, war nicht immer der Fall. Ich bin sehr konservativ christlich erzogen worden und kannte Gott daher von der Theorie her ganz gut. Als Kind hatte ich an einem Felsabhang im Wald einmal eine sehr intensive Begegnung mit Gott. Ich habe einfach mit Gott geredet, wie wenn man mit einem guten Freund redet und ich habe gespürt, er ist da, bei mir auf dem Felsen. Da war ich ca. 6 oder 7 Jahre alt, so weit ich mich erinnern kann. Die Frage, ob es Gott oder Jesus gibt, war für mich klar mit Ja zu beantworten, vor allem nach diesem Erlebnis – auch wenn damals die Erwachsenen davon nichts wissen wollten. Doch auch ich habe die Realität Gottes verloren und kannte ihn später nur noch aus der Theorie. Mit ca. 11 bis 12 Jahren suchte ich nach Sinn und Erfüllung im Leben. Ich las damals fleißig die Bibel und betete auch, doch dies hatte nicht viel mit meinen Alltagsproblemen zu tun. Mein Weg führte mich über die 68er Bewegung in die Punkszene. Dort suchte ich im Alkohol, Musik und dem linken Gedankengut den Weg durchs Leben zu finden. Doch es machte sich statt Erfüllung eine große Leere breit. Meine Resümee war: „Der Mensch ist durch seinen Egoismus meist der Grund allen Übels und ich bin einer von dieser Sorte".

Was hätte ich verändern können?

Es machte sich in meinem Leben eine große Hoffnungslosigkeit und Leere breit. Als diese finsteren Gedanken ihren Höhepunkt erreicht hatten, hörte ich von einer christlichen Veranstaltung und ich wusste, da muss ich hin. Als dort am Ende eines für mich eher enttäuschenden Abends für mich gebetet wurde, erlebte ich Gottes Realität ganz neu bzw. die Realität aus meiner Kindheit.

Ich wurde von einer Kraft durchströmt, die mir das erste Mal im Leben bewusst machte: Dieser christliche Gott ist realer als alles andere und er liebt mich durch und durch. Sehr benommen stand ich von meinem Erlebnis auf und wusste, mein Leben will ich mit diesem Gott Jesus Christus verbringen. Er ist der Weg und meine Erfüllung. Ab da führte er mich bis zu meinem Theologiestudium und ordnete mein

Leben bis heute ganz neu. Aus Liebe zu ihm versuche ich nun zu leben und zu lieben. Ich kann nun sagen:

Gott ist Liebe und er liebt mich und Sie!

Gott ist gut und ist real für mich!

Gott ist real in meinem Leben.

Danke Gott!

2 Andachten für besondere Tage

2.1 Wir vergessen unsere Grundlagen

Wir vergessen, wie mir scheint, unsere Grundwerte in Deutschland und Europa. Meine Beobachtung ist, dass wir Deutschen irgendwie vergessen haben, unsere wichtigen Feste und Gedenktage zu feiern. Stattdessen suchen wir lieber irgendeine Gelegenheit, um etwas zu trinken oder einfach einen freien Tag zu haben. Z. B. beim Tag der Deutschen Einheit haben wir lieber unsere Ruhe, anstatt dankbar zu sein, unser Volk vereint zu sehen, auch wenn es nicht immer leicht ist, vereint zu sein. An Himmelfahrt feiern wir lieber Vatertag, obwohl an diesem Tag Jesu Himmelfahrt gefeiert werden sollte, am Reformationstag feiern wir lieber Halloween und den Buß- und Bettag haben wir ganz abgeschafft, wie wenn wir keine Umkehr und bitte um Sündenvergebung nötig hätten. Ich muss sagen, wir sind ganz schön stolz geworden gegenüber unserer Herkunft, Kultur und unseren Werten. Also ich brauche Feiertage und Gedenktage, um mich an die wichtigen Dinge zu erinnern, um aus der Vergangenheit zu lernen und um demütig zu bleiben. Natürlich darf auch nicht vergessen werden, dass wir diese mittlerweile traditionellen Feste und Gedenktage unseren Kindern erklären müssen. Feste ohne Sinn machen keinen Sinn, außer dass es vielleicht Unsinn ist. Lassen sie uns den Reformationstag ansehen, den wir gegen Halloween eingetauscht haben. Der Reformationstag soll uns an die Reformation von Martin Luther und vielen anderen erinnern. Im Internet habe ich Folgendes gefunden:

> „Die ‚protestantische' Reformation ist eine christliche Erneuerungsbewegung, die entscheidend zur Neugestaltung der Kirchen- und Weltordnung in der Frühen Neuzeit beigetragen hat. Kritik an der Kirche und vor allem am Anspruch des Papsttums auf weltliche Herrschaft hatte es schon lange vor dem 16. Jahrhundert gegeben. John Wiclif und Jan Hus gelten als wichtige Vorläufer, die auch das Denken Martin Luthers beeinflusst haben. Zum Auslöser der Reformation wurde Luthers Protest gegen den Ablasshandel, den er 1517 in 95 Thesen verbreitete. Dem Reformator kam die Entwicklung der ‚modernen' Medien zugute: Durch den um 1450 erfundenen Buchdruck ..."[70].

So schrieb Luther viele gute Schriften, die uns bis heute beeinflussen, und die jeder nachlesen kann: So z. B. „Von der Freiheit eines Christenmenschen, An den

[70] http://www.uni-due.de/einladung/Vorlesungen/epik/reformation.htm vom 6.01.2012.

christlichen Adel deutscher Nation“[71]. Martin Luther kritisierte mancherlei Dogmen der römisch katholischen Kirche wie den Unfehlbarkeitsanspruch des Papstes und die Sakramentenlehre. Doch das Wichtigste bei Luther ist die Rückbesinnung auf die Bibel und ihre Kernaussage. Er hat die Bibel aus den Ursprachen hebräisch und griechisch in eine von ihm erfundene Sprache übersetzt, dem heute sogenannten Hochdeutsch. Im Mittelpunkt der Reformation steht also die Rückbesinnung auf die Rechtfertigungslehre in der Bibel. „Ihr zufolge kann der Mensch nicht durch seine guten Werke, sondern einzig durch den Glauben erlöst werden.“[72] Kurzum die Sünde, Schuld und Scham, die mich von Gott trennen, wird durch den Glauben an Jesus Christus und seine Erlösung am Kreuz bezahlt, siehe den Römerbrief. Anders gesagt: Gott nimmt meine Schuld und wirft sie ins tiefste Meer, wenn ich ihm vertraue. Diese gute Nachricht hat ganz Europa bewegt.

> „In Frankreich z. B. entwickelte sich unter dem Einfluss des Reformators Johannes Calvin die protestantische Bewegung der Hugenotten, in England bildete sich die anglikanische Kirche heraus.“[73]

Leider gab es auch Negatives, so wurde die Reformation, die eigentlich zur Reformierung der römisch katholischen Kirche dienen sollte, kurzerhand von der Kirchenleitung aus der Kirche geworfen und Martin Luther exkommuniziert. So entstanden die protestantischen Kirchen.

> „Der Name ‚Protestanten‘ leitet sich von den reformatorischen Fürsten und Reichsstädten ab, die auf dem Reichstag zu Speyer 1529 gegen das Verbot der Reformation protestierten.“[74]

Doch all diese Gedanken, all diese Opfer für die Freiheit des Menschen und vieles mehr scheinen wir Deutschen leichtfertig zu vergessen. Schade!

[71] Ebd.

[72] Ebd.

[73] Ebd.

[74] Ebd.

2.2 Nikolaus von Myra

Ja, Helden kommen uns gerade richtig, wie Superhelden aus Hollywood, die Helden der Arbeit usw. Kurzum, wir suchen nach Vorbildern. Gibt es keine, so werden sie gemacht. Als Jugendlicher hat man es da etwas leichter, man sucht sich einen Rockstar aus und wird Fan. Auch wenn die meisten Stars alles andere als geeignete Vorbilder sind. Wenn man etwas älter wird, sucht man eher nach einem Vater oder nach einem Mentor. Vielleicht sucht man nach dem Vater, den man nie hatte oder als Mann sucht man den, der mir zeigt, was echtes „Mannsein" heißt, der mir Orientierung im Leben gibt. Was uns also gemeinsam ist, ist die Suche nach Vorbildern und Orientierung im Leben. So entstand schon sehr früh bei den Christen die Heiligenverehrung.[75] Ich persönlich halte nicht viel von der klassischen Verehrung von Heiligen, obwohl ich die Biografien der Heiligen schon in Ehren halten möchte, für deren Lebensleistungen. Denn sie können uns durch ihr Leben ein Vorbild sein und uns Orientierung geben. Z. B. ist Nikolaus von Myra ein Beispiel eines solchen echten Vorbildes. Er lebte im 4. Jahrhundert in der heutigen Türkei südlich von Antalya, dem heutigen Ferienparadies, als christlicher Bischof. Vielleicht erinnert Sie der St. Nikolaus an den sogenannten „Weihnachtsmann" aber der ist nur die Erfindung eines Getränkeherstellers mit seinem weiß-roten Zwirn. Auch wenn dieser falsche Werbeweihnachtsmann in Filmen usw. solche Ehre bekommt, dass man als Außenstehender meinen könnte, es handle sich bei ihm um eine Art Gott, der am 6. Dez. zu den Menschen kommt. Der echte Weihnachtsmann bzw. der Nikolaus von Myra ist ein wirkliches Vorbild, auch wenn über sein Leben nicht allzu viel bekannt ist. Was überliefert ist, kann mit wenigen Worten gesagt werden und birgt doch ein Leben, das er für Gott und um der Menschen willen gegeben hat. So wird berichtet, dass er während einer Christenverfolgung 310 gefangen genommen und gefoltert wurde, wegen seines Glaubens an Jesus Christus.[76] Er war Sohn einer wohlhabenden Familie, doch gab er sein ererbtes Vermögen den Armen.[77] Dazu muss man wissen, damals gab es keine Pflegeversicherung, keine Rente oder sonstige Versorgung, wie heute in Deutschland, wenn man selbst nichts hatte. Er

[75] Vgl. http://www.uni-mainz.de/FB/kath/akg/veranst/ressose2007.pdf vom 18.01.2012.

[76] Vgl. http://de.wikipedia.org/wiki/Nikolaus_von_Myra vom 18.01.2012.

[77] Vgl. ebd.

gab trotzdem alles für die Armen und ließ sich foltern.[78] Nach einer Folter war man nicht selten ein Pflegefall oder hatte zumindest die Folgen ein Leben lang zu tragen. Ebenso waren die Gefängnisse nicht so wie heute meist in Westeuropa. Die Frage an uns: Würden wir unser Leben für die Ärmsten und Elendesten geben? Würden Sie sich durch politischen oder öffentlichen Druck nicht von ihrem Glauben abbringen lassen? Sind Sie bereit, den gleichen Preis wie Nikolaus von Myra für sein soziales Handeln und seine Glaubensfreiheit zu bezahlen? Vielleicht denken Sie, das ist unmöglich, da müsste ich mein Leben aufgeben und genau das ist es auch. Man muss sein Leben jemand anderem geben, nämlich Gott selbst. Die Heiligen der Christen waren nicht ohne Fehler und faszinieren aufgrund von Sündlosigkeit, sondern bei ihnen scheint ein Hauch der übermenschlichen Liebe Gottes durch. Dies hat Gott bei ihnen gewirkt, daher sehen wir an den Heiligen Gott in Jesus Christus selbst sich für die Armen opfern. So sagt die Bibel: „Gott ist der Gott der Witwen und Waisen", also er ist der Fürsprecher oder Verteidiger der ärmsten Menschen. Ebenso hat sich Gott in Jesus Christus für unsere Schuld foltern und töten lassen. Er hat alles für uns gegeben. So sehen wir Jesus im heiligen Nikolaus. Wir werden genau wie Nikolaus in der Bibel aufgefordert, selbst so wie Jesus zu leben. Deshalb ist jeder Christ auch ein Heiliger, denn er soll heilig leben, so dass andere Menschen Gott in ihm erkennen. Dies bewirken aber nicht wir, sondern Gott durch den Heiligen Geist in uns Christen, wenn wir es zulassen. Lassen wir es zu? Wie sagt Jesus: Wer sein Leben behalten will, wird's verlieren und wer sein Leben verliert um Jesu willen, der wird es erhalten.[79]

[78] Vgl. ebd.

[79] Mt 16, 25.

2.3 Ein Schiff, das sich Gemeinde nennt

Als Gläubige fahren wir alle mit auf dem „Schiff, das sich Gemeinde nennt", das durch viele Stürme und innere Unruhe hindurch gleitet, wie es in einem Kirchenlied heißt. Nun ist Adventszeit und wir besinnen uns auf Jesu erstes und zweites Erscheinen für alle sichtbar auf den Wolken. Unsere Erlösung ist nahe, und wir sehnen uns nach der Begegnung mit Jesus auf den Wolken. So sollte es eigentlich sein, aber die Zeit frisst unsere Gedanken und wir versinken im Arbeitsstress und müssen viele Konflikte bestehen. Doch ab und an findet man in dieser Epoche auch noch etwas Ruhe und singt dann vielleicht genau dieses Lied in einem vorweihnachtlichen Gottesdienst: „Ein Schiff, das sich Gemeinde nennt" (im ev. bayr. Gesangb. 589 und im württ. 595). Dies ist ein Lied, von dem man viel für Gemeinde lernen kann, doch wurde mir erst neulich bewusst: Ich glaube es müsste heißen: „Schiffe, die sich bekriegen, zanken, beneiden und große Angst voreinander haben". Ja, wir haben uns abgespalten und fahren mit unserem kleinen Ruderboot ganz auf uns bezogen auf dem Meer der Zeit, und wenn wir jemand Gleichartigen sehen, hauen wir gleich drein. Nun habe ich das etwas überspitzt formuliert, doch leider ist mir dies Verhalten schon oft in meinem Predigtdienst begegnet. Wir Christen trennen und streiten uns immerzu, dies müsste uns vor allem in der Adventszeit etwas nachdenklich stimmen. Was ich sagen möchte, ist: Lasst uns da nicht mitmachen, sondern gemeinsam in Liebe und Geduld mit unseren Glaubensgeschwistern aus allen Konfessionen zur See fahren, auch wenn es schwierig scheint, siehe Joh. 17!

2.4 Der kleine Jesus

Ist ihre Vorstellung von Jesus auch so klein, wie er oft an Kruzifixen in Häusern und an Halsketten dargestellt zu sehen ist?

Ein solches Kreuz habe ich auch und dies soll mich nachdenklich machen in meinem Alltagsstress, dass es da noch mehr gibt zwischen Himmel und Erde. Auch erinnert es mich daran, dass es bald wieder Ostern wird.

Vielleicht sagen Sie: „Oh, das ist aber ein nettes Jesuskreuz, so was brauch ich auch mal“ oder „Ach, haben Sie auch so einen kleinen Jesus.“ So ein kleiner Jesus ist praktisch, man kann ihn überall mit hinnehmen oder nicht?

Doch ist oder war Jesus so eine kleine Persönlichkeit? Lassen Sie uns sein Leben ansehen:

Jesus war Gott selbst und hat auf seine göttliche Herrlichkeit erstmal verzichtet und wurde Mensch.[80] Er lebte als Jude in einem Land, das von Kriegen und Leid gekennzeichnet war. Er übernahm bald das Geschäft seines Vaters, nach dessen frühem Tod. Jesus musste als ältester Sohn wohl die Versorgung der Familie übernehmen. So war er zwar ärmlich aufgewachsen, doch sein Leben hatte er ganz gut unter Kontrolle. Doch dann folgte er der Berufung seines jüdischen Gottes. Er verneinte nie, wenn die Leute ihn fragten, ob er der jüdische Gott König des Friedens sei, und wurde Pilger auf dieser Erde. So zog er ca. 3 Jahre seines Lebens ohne festen Wohnsitz durch Israel und berief einige Schüler zu seinen Nachfolgern. Er unterrichtete Dinge wie: Liebe Gott und deinen Nächsten wie dich selbst.

Nach ca. 3 Jahren Pilgerschaft ging er seinen schwersten Weg seinen Passionsweg, der gleichzeitig seine Krönung zum Friedenskönig war. Obwohl alles ganz gut anfing, endete es so grausam. So zog er kurz vor seinem Tod auf einem Esel in Jerusalem, der Gottesstadt des großen Friedenskönigs ein. Dies feiern die Christen heute noch an Palmsonntag vor Ostern. Lk 11, 8-10:

> „Und viele breiteten ihre Kleider auf den Weg, andere aber grüne Zweige, die sie auf den Feldern abgehauen hatten.
> Und die vorangingen und die nachfolgten, schrien: Hosianna! Gelobt sei, der da kommt in dem Namen des Herrn!
> Gelobt sei das Reich unseres Vaters David, das da kommt! Hosianna in der Höhe!“

[80] Joh 1.

Nach dem königlichen Einzug in Jerusalem wendete sich das Blatt endgültig zum Negativen. Jesus zog sich den Hass vor allem der religiösen Menschen zu. Er wurde verhaftet, illegal verurteilt, gefoltert und an einen Holzbalken gehängt. Von seinen Folterern und Feinden als Spott gedacht wurde er mit einer Dornenkrone gekrönt, mit einem Königsmantel umkleidet und angespuckt. Sie verneigten sich vor ihm und gaben ihm ein Rohr als Zepter in die Hand. Die Besatzungsmacht erhob ihn somit aus Spaß am Leid zum König. Der römische Stadthalter ließ ein Schild anbringen am Kreuz, an dem Jesus starb, mit der Aufschrift „König der Juden".

Jesus, was für ein armseliger Wicht, könnte man denken. Er, der viel Leid und Mühe erleben musste, ihm blieb am Ende nichts als der Tod. Ein Tod, der schlimmer nicht hätte sein können.

Hatten die Leute damals nicht recht, als sie sagten: „Schaut euch den an."?

Ja, da hing er nun zwischen Himmel und Erde dieser kleine schwache Jesus, und zwar nicht so schön wie an meinem Holzkreuz.

Doch halt, die Geschichte ist nicht vorbei. Nach drei Tagen wurde er von Gott wieder lebendig gemacht.

Durch seinen Tod und seiner Auferstehung brachte er uns die Versöhnung mit Gott, da wir durch unsere Sünden Gott bekriegten. Nun hat uns Gott aus unser Gottverlassenheit und unserem Unfrieden erlöst und das ewige Leben versprochen. Aber nur, wenn wir um Vergebung unserer Schuld bitten und ihm vertrauen.

Jesus ist also keineswegs ein kleiner Mann, nein er ist der Friedenskönig, Erlöser der Welt, Gott zum Anfassen, die Liebe Gottes zu den Menschen, er ist der Heiland und Freund jedes Christen.

Ist er auch Ihr Freund, der Judenkönig am Kreuz, der am Palmsonntag in Jerusalem eingezogen ist?

2.5 Jesus lebt

„Jesus lebt", kennen Sie den Spruch? Bei manchen Christen sieht man auf dem Auto einen Aufkleber mit „Jesus lebt". Doch was soll dieses Jesus lebt? Bald wird wieder Ostern gefeiert. Dies ist das wichtigste Fest für die russisch orthodoxen Christen, aber eigentlich für alle Christen. Denn Ostern ist die Kernbotschaft des Christentums. Mit diesem wahren Ereignis und dem Vertrauen darauf steht und fällt der christliche Glaube. Es geht bei Ostern um den Tod und die Auferstehung Jesu vor über 2000 Jahren, der zugleich Mensch und Gott ist.

Die Christen glauben, dass eine Jungfrau ohne Zutun eines Mannes schwanger wurde und Jesus den Erlöser der Welt geboren hat. Dieser hat ca. 30 Jahre als Jude in Israel gelebt.

Er war Zimmermann und wurde später Reiseprediger bzw. eine Art Rabbi.

Seinen Schülern, und allen die ihm zuhörten, teilte er seine so ganz andere Lehre mit. Er schwang nicht nur große Reden, sondern stand zu seinem Wort und lebte auch danach ohne Kompromisse.

Daher hatte er auch so manche Feinde.

Als er behauptete, in jüdischer Form, er sei Gott selbst, konnten sich seine religiösen Feinde nicht mehr halten, sie wollten ihn töten.

Am Karfreitag wurde Jesus Christus von seinen letzten Freunden verlassen, an seine Feinde verraten und starb. Er starb nach einer grausamen Folter durch die heidnischen Römer den noch schlimmeren Tod am Holzkreuz. Dies veranschaulicht gut der Film von Mel Gibson „Die Passion Christi".[81]

Nach 3 Tagen wurde er von Gott wirklich und leibhaftig vom Tod auferweckt und dies feiern wir Christen am Ostersonntag und Ostermontag.

Jesus ist auferstanden und lebt.

Dass Jesus gelebt hat und starb als Mensch, ist wissenschaftlich unumstritten. Doch, was ist mit seiner Auferstehung?

Dies ist von min. 500 Augenzeugen bestätigt worden, auch alle Nachforschungen in dieser Hinsicht haben nichts Anderes zugelassen, als dass Jesus von den Toten auferstanden ist,[82] da sein Grab leer und aufgeräumt war.[83] Auch haben

---

[81] Vgl. http://de.wikipedia.org/wiki/Die_Passion_Christi vom 18.01.2012.

[82] 1 Kor 15, 6.

[83] Lk 24.

Augenzeugen gesehen, dass aus seiner Seite beim Stich in Jesu Herzen nach der Kreuzigung Wasser und Blut floss, dies zeigt, dass Er auch medizinisch tot war[84]. Ebenso hat er nach seiner Auferstehung noch 40 Tage lang mit seinen Anhängern Zeit verbracht in der Er ihnen z. B. seine Wunden zeigte oder ihnen Frühstück gemacht hat.[85]

Durch seinen Tod und nun durch sein neues Leben als Auferstandener wird er uns alle einst gerecht richten.[86] Für jeden Menschen ist es nun durch Jesus möglich, mit Gott in einer Liebesbeziehung zu leben. Er hält nun für alle, die ihm vertrauen und ihn um Vergebung ihrer Sünden bitten, die Erlösung von ihren Sünden bereit, damit die Sünde uns nicht mehr von Gott trennen kann und wir das ewige Leben als Geschenk bekommen.[87]

Die Autoren der Bibel haben in den Evangelien zum Teil versucht, die Beweise für Jesu Auferstehung zu sammeln.[88] Daher, wenn Sie mehr erfahren möchten, lesen Sie in der Bibel, dem Wort Gottes.

Jesus starb und lebt für uns, damit wir ewiges Leben haben, wenn wir ihm vertrauen!

Joh. 3,14-16:

> „Und wie Mose in der Wüste die Schlange erhöht hat, so muss der Menschensohn erhöht werden,
> damit alle, die an ihn glauben, das ewige Leben haben.
> Denn also hat Gott die Welt geliebt, dass er seinen eingeborenen Sohn gab, damit alle, die an ihn glauben, nicht verloren werden, sondern das ewige Leben haben."

---

[84] Joh 19,34.

[85] Joh 21; Apg 1,3.

[86] Mt 25.

[87] Apg 3,19.

[88] Lk 1; Lk 24; Joh 21, 25.

2.6 Eine besinnliche Adventszeit

Die besinnliche Adventszeit ist für uns doch oft nur Stress, denn es gilt viel zu organisieren und noch kurz zu erledigen. Eigentlich wünschen sich die meisten eine besinnliche und ruhige Adventszeit oder Weihnachtszeit. Doch die Realität ist oft eine andere.

Haben Sie sich schon mal gefragt, über was wir eigentlich nachsinnen sollten im Advent und an Weihnachten?

Ich weiß nicht wie es ihnen geht, aber mich beschäftigt schon hin und wieder diese Frage. Besonders, wenn mir, wie so oft in dieser Zeit, ein Verkäufer beim Einpacken der gekauften Dinge eine besinnliche oder schöne Zeit wünscht.

Über was sollen wir nun nachdenken? Über das Fest der Liebe, über den Weihnachtsmann, den es gar nicht gibt oder über die vielen Geschenke, die zu verschenken bzw. zu bekommen sind? Sollten wir uns über den Kommerz aufregen oder über irgendetwas anderes?

Nein, es geht um etwas ganz anders.

Adventszeit ist die Vorbereitungszeit auf Weihnachten bzw. auf das Kommen Jesu. Nun werden Sie sagen, Jesus ist doch schon als Baby vor 2000 Jahren gekommen, was müssen wir da noch vorbereiten oder feiern?

Es geht um mehr als um ein kleines Kind mit Namen Jesus, das vor 2000 Jahren auf wundersame Weise gezeugt und geboren wurde. Die Adventszeit bzw. die Weihnachtszeit ist ohne Zweifel die Rückschau und die Freude über die Geburt Jesu, aber auch eine Vorbereitung auf das zweite Kommen Jesu als König und Gott; siehe hierzu die Offenbarung des Johannes.

Von dem kleinen Jesuskind wird im Wort Gottes, der Bibel, berichtet, das Er der Friedensfürst ist.[89] Dieser wird bald nach seinem Tod kommen in Herrlichkeit. Jesus Christus ist nicht nur für die Erlösung der Welt gekommen und gestorben. Sondern er ist auferstanden nach drei Tagen von den Toten und ist in den Himmel zu Gott seinem Vater gegangen, um selbst als Gott zu herrschen. „Von dort wird er kommen zu richten die Lebenden und die Toten."[90]

---

[89] Jes 9,1.

[90] http://www.ekd.de/bekenntnisse/apostolisches_glaubensbekenntnis.html vom 18.01.2012.

Diese Welt ist nicht nur verdorben durch ihren Egoismus und vieles mehr, sondern sie ist auch ein altes Auto, das abgewrackt gehört. Gott möchte eine neue Welt schaffen ohne Leid und ohne Schmerzen. Dort wird es keine Tränen der Trauer mehr geben und Gott wird mit uns zusammenwohnen[91].

Doch bevor er das kann, muss er als guter und gerechter Richter dieser Welt der Welt das verdiente Urteil verkünden.[92] Dazu wird Jesus als guter König und gerechter Richter auf den Wolken kommen, für alle sichtbar, um alle Menschen zu richten.[93]

Für alle Menschen, die Jesus dann als ihren Erlöser angenommen haben, ist von Gott aus die gerechte Strafe und Schande bezahlt und bedeckt. Gott selbst hat es durch sein Leben bezahlt und gesühnt.[94]

Jesus ist der Fürsprecher, Mittler und Bezahler für alle Gläubigen.[95] Wer Jesus also nicht hat, muss sich selbst vor Gott verantworten für seine Taten.

Daher ist die Adventszeit die Vorbereitungszeit auf Jesu zweites Kommen, um als König und Richter zu herrschen, eine neue Welt und Gerechtigkeit zu schaffen für all das Leid dieser Welt.

Doch sind wir vorbereitet? Sind wir vorbereitet auf den Jüngsten Tag?

Glauben wir der Bibel, dem Wort Gottes bzw. den ersten Christen und Jesus, dass Er wiederkommen wird oder schlafen wir, wie die 10 Jungfrauen im Gleichnis Jesu?[96]

Dort wird berichtet, es gab 10 Jungfrauen, die auf einen Bräutigam warteten. Sie hatten Lampen dabei, doch fünf davon waren töricht und haben kein zusätzliches Öl mitgenommen. Als nun der Bräutigam lange nicht kam, schliefen alle ein. Um Mitternacht wachten sie alle auf, denn der Bräutigam war in der Nähe, aber die Lampen der Törichten waren leer. Von den anderen bekamen sie kein Öl und daher mussten sie selbst welches kaufen und kamen zu spät zur Hochzeit. Die Tür war verschlossen und so endet dieses Gleichnis Jesu wie folgt in Mt 25, 11-13:

---

[91] Offbr. 21.

[92] Mt 25.

[93] Mk 14, 62.

[94] Röm 3, 25.

[95] 1. Tim 2,5.

[96] Mt 25, 1-13.

> „Später kamen auch die andern Jungfrauen und sprachen: Herr, Herr, tu uns auf! Er antwortete aber und sprach: Wahrlich, ich sage euch: Ich kenne euch nicht. Darum wachet! Denn ihr wisst weder Tag noch Stunde, in der der Menschensohn kommen wird.“

Sind Sie vorbereitet?

Nutzen Sie doch diese Adventszeit um sich vorzubereiten oder am Besten jeden Tag

Ihres kurzen Lebens!

Gott segne Sie!

2.7 Was ist Weihnachten?

Was ist Weihnachten für Sie?

Für manche ist es das Fest der Liebe, das meist nur in Streit und Enttäuschung endet. Für manchen ist es ein Familienfest und für die Einsamen unserer Gesellschaft das schrecklichste Fest des Jahres.

Es ist die Hochzeit der Schokolade und des Weihnachtsmannes. Doch hat dies irgendetwas mit dem echten und wahren Weihnachten zu tun?

Man fragt sich, was ist denn nun Weihnachten?

Es geht bei Weihnachten um das Kleine oft so kitschig dargestellte Kind in der Futterkrippe vor 2000 Jahren. Damals gab es weder diesen Konsum noch den Weihnachtsbaum oder eine so moralische/ethische Festlichkeit wie heute.

Es begann damit, dass man einst einer armen Familie nachsagte, sie hätten ein uneheliches Kind gezeugt. Dies war damals eine Schande und bedeutete Todesgefahr für diese Familie. Doch die Eltern des besagten Kindes beharrten darauf, dass Gott ein Wunder getan habe und die Mutter und Jungfrau Maria durch den Geist Gottes ein Kind bekommen hätte. Doch wer sollte einem jung verliebten Paar so etwas glauben?

Zu diesem Unglauben der Leute kam noch die politische Situation dazu. Die Besatzungsmacht der Römer wollte in dem von Kriegen verhärteten Land Israel eine Volkszählung durchführen. So musste dieses Paar verachtet und die werdende Mutter Maria hochschwanger in das kleine Dorf gehen, das der Geburtsort des Bräutigams Josefs war, um sich dort registrieren zu lassen. Zur Schande der Unehelichkeit kam nun der Mangel an Unterkünften dazu. So mussten die beiden in einem verdreckten und infektionsreichen Stall ein Kind entbinden.

Der damalige König versuchte diese Familie ebenfalls zu finden. Wissenschaftler und Magier aus dem Ausland hatten zusammen mit den Religiösen dieser Zeit vermutet, dieses Kind sei der von Gott verheißene Retter und König der Welt, wie es im 1. Teil der Bibel seit vielen 1000 Jahren steht. Der König fürchtete um seine Herrschaft und wollte das Kind einfach töten. Darauf flüchtete das junge Paar nach Ägypten. Danach hörte man lange nichts mehr von dieser Familie, bis sie unauffällig nach Israel zurückkehren konnte und ihr Kind eine interessante, aber meist wenig auffallende Persönlichkeit wurde.

Doch als dieses Kind ein junger Mann von ca. 30 Jahren war, behauptete er, dass er der Messias, der Erlöser der Menschheit sei. Dies glaubten nicht mal seine engsten

Verwandten und sie wollten ihn fast schon entmündigen lassen. Er ging aber sogar so weit, dass er auf für damalige Verhältnisse typisch jüdische Art sagte, er sei Gott selbst.

Viele fanden seine moralischen Reden ganz gut und seine so andere Art zu leben. Doch die Behauptung, dass er Gott sei, brachte für ihn den Tod nach der damals schlimmsten Methode, um ein Todesurteil zu vollstrecken. Er wurde durch die Römer halb tot geschlagen und dann an ein Holzkreuz genagelt und musste jämmerlich ersticken. Die damals nichtjüdische Welt, vertreten durch die Römer und die damalige jüdische Bevölkerung Jerusalems, arbeiteten zusammen, um diesen Jesus zu beseitigen.

Seine letzten Worte waren: „Mein Gott, mein Gott, warum hast du mich verlassen?" und „Es ist vollbracht". Seine wenigen ihm noch treu gebliebenen Nachfolger begruben ihn. Nach drei Tagen soll er nach Augenzeugenberichten wieder lebendig geworden und mehreren Hundert Menschen erschienen sein. Als er sich dann mit seinen Anhängern auf einem Berg traf, wurde er auf den Wolken in den Himmel geholt.

Er soll seinen Nachfolgern noch gesagt haben, sie sollen sein Werk weiterführen und er wird bald wiederkommen, zu richten die Lebenden und die Toten. Daher sollen alle Menschen zu Gott kommen und mit ihm in Beziehung leben. Dies ist aber nur möglich, wenn man Gott um Vergebung für seine Sünden bittet und an Jesus Christus glaubt.

Das war nun Weihnachten in wenigen Worten.

Gott möge Ihnen ein gesegnetes Weihnachtsfest schenken mit einer ganz neuen Perspektive! Lesen Sie auch selbst mal die Weihnachtsgeschichte in den Evangelien nach, Sie werden es nicht bereuen!

3 Quellenverzeichnis

3.1 Literaturverzeichnis

CD-ROM: Bibel Edition: Lutherbibel 1984 NR. Stuttgart: Deutsche Bibelgesellschaft, 2000.

Der Koran. Stuttgart: Reclam, 1960.

Gibson, Mel. *DVD: Die Passion Christi.* München: Constantin Film AG, 2004.

Gumbel, Nicky. *Heiße Eisen angepackt.* Übers. D. Ewert. Aufl. 9. Hamburg: Verlag C. M. Fließ, 2009.

Jenni, Ernst, Hg. Westermann, Claus. *Theologisches Handwörterbuch zum Alten Testament.* Bd. II. München und Zürich: CHR. Kaiser Verlag München und Theologischer Verlag Zürich, 1976.

Thielicke, Helmut. *Theologische Ethik: Zweiter Band: Entfaltung: 1 Teil: Mensch und Welt.* Aufl. 5. Tübingen: J. C. B. Mohr (Paul Siebeck), 1986.

Tolstoi, Leo. *Der Traum des jungen Zaren und andere Erzählungen.* Gießen: Brunnen Verlag, 2008.

3.2 Verzeichnis der Internetquellen

http://de.wikipedia.org/wiki/Das_radikal_B%C3%B6se vom 7.04.2012.

http://de.wikipedia.org/wiki/Die_Passion_Christi vom 18.01.2012.

http://de.wikipedia.org/wiki/Nikolaus_von_Myra vom 18.01.2012.

http://derstandard.at/3254419 vom 18.01.2012.

http://www.bundestag.de/dokumente/rechtsgrundlagen/grundgesetz/gg_01.html vom 18.01.2012.

http://www.ekd.de/bekenntnisse/apostolisches_glaubensbekenntnis.html vom 18.01.2012.

http://www.ekd.de/bekenntnisse/apostolisches_glaubensbekenntnis.html vom 18.01.2012.

http://www.konstant-z.de/israel-de/warum-gab-es-den-holocaust/?lang=de vom 7.04.2012.

http://www.n-tv.de/wissen/Eltern-behindern-psychische-Reife-article937549.html vom 5.04.2012.

http://www.reinerjungnitsch.de/lewis-durchschauen.pdf vom 18.01.2012.

http://www.spiegel.de/politik/deutschland/0,1518,710133,00.html vom 18.01.2012.

http://www.swr.de/nachtcafe/-/id=200198/nid=200198/did=8804218/1dna34y/index.html vom 18.01.2012.

http://www.unesco.de/erklaerung_toleranz.html vom 18.01.2012.

http://www.uni-due.de/einladung/Vorlesungen/epik/reformation.htm vom 6.01.2012.

http://www.uni-mainz.de/FB/kath/akg/veranst/ressose2007.pdf vom 18.01.2012.

http://www.zeit.de/wissen/geschichte/2012-01/wannsee-konferenz-kommentar vom 7.04.2012.

www.opendoors-de.org vom 6.01.20112.

Printed by Books on Demand GmbH, Norderstedt / Germany